AF328317

CODE PÉNAL

MILITAIRE

CODE PÉNAL

MILITAIRE

par Ch. DUEZ

AVOCAT A LA COUR ROYALE DE PARIS

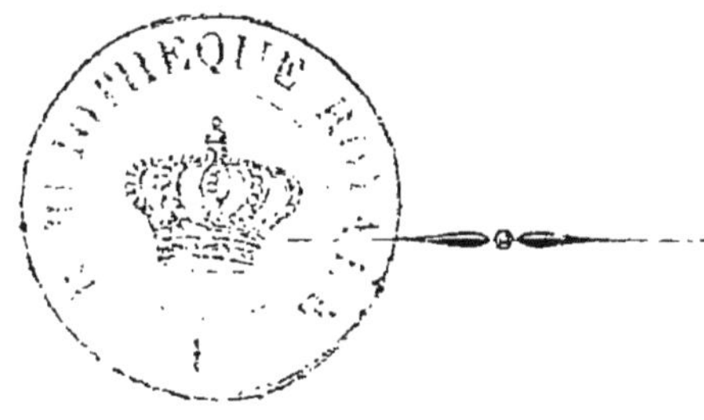

PARIS

CHEZ TOUS LES LIBRAIRES

—

1847

PREFACE

C'est sous le règne de Louis XIV qu'apparaissent pour la première fois les *conseils de guerre*. L'ordonnance du 25 juillet 1665 est l'acte le plus ancien qui en fasse mention. Depuis lors jusqu'en 1789, les ordonnances qui s'occupèrent de ces tribunaux ne réglèrent ni leur organisation, ni leur compétence, ni leur manière de procéder. Une sorte de tradition en déterminait la composition. La compétence n'avait pour guide que les ordonnances anciennes, et la procédure était calquée sur celle tracée par l'ordonnance de 1670. Pour la juridiction criminelle des tribunaux ordinaires, une pénalité barbare et disproportionnée avec les infractions à la discipline et aux devoirs militaires rendait l'action des conseils de guerre bien plus redoutable que salutaire. L'excessive rigueur des peines effrayait les populations sans diminuer le nombre des délinquans. La mort pour la désertion simple, le supplice des verges et des courroies, la marque avec un fer chaud sur le front et sur les joues pour certains cas de désertion, la pendaison pour le vol ordinaire, et les galères dans les cas les moins graves d'insubordination, ne pouvaient avoir pour effet que d'inspirer l'effroi et l'indignation.

La révolution de 1789 trouva les choses en cet état. En peu de jours cette informe juridiction disparut. A la place de ces conseils de guerre, qui n'avaient ni siége fixe ni audience publique, ni débats, ni défense de l'accusé, la révolution institua, par la loi du 29 octobre 1790, des *cours martiales* avec un jury militaire. Ces cours eurent la forme, les attributions et la solennité des véritables tribunaux. On voulut ensuite se rapprocher plus encore du droit commun qui venait d'être établi, et l'on créa, pour l'armée, une juridiction correctionnelle : la cour martiale connaissait des crimes, la loi du 12 mai 1793 conserva la même organisition en changeant le nom, qui devint le *tribunal militaire.*

La loi du 3 pluviose an II, suivant, les principes du droit commun général, créa trois degrés de juridiction : des conseils de discipline, des tribunaux de police correctionnelle et des tribunaux militaires avec un jury militaire. Chacune de ces organisations était complète, et le mode de procéder clairement indiqué.

A la fin de l'an III, une organisation plus simple remplaça celle de l'an II. Sous le nom de *Conseils militaires,* les tribunaux n'eurent plus de jury, mais conservèrent le principe du jury dans leur composition.

Enfin la loi du 13 brumaire an V, qui régit encore l'armée française, institua les conseils de guerre, en maintenant, comme dans l'organisation précédente, le principe du jury.

Le plus grand capitaine du monde fit un code, qui aujourd'hui est le droit commun de presque tous les peuples. Dans ces codes immortels, Napoléon oublia un code pénal militaire, car on ne peut appeler un code pénal militaire cette loi du 12 mai 1793, qui renferme environ 160 lois rendues à différentes époques et sur différens objets, lois créées sous des influences diverses, toujours modifiées suivant les circonstances.

La loi du 18 vendémiaire an VI effaça les abus créés par les cours martiales (*a*), les juges de paix et juges militaires de police correctionnelle (*b*), les cours de justice (*c*), les tribunaux criminels (*d*), les conseils de guerre permanens (*c*). Cette loi du 18 vendémiaire institua un conseil permanent de révision dans chaque division

(*a*) Loi du 29 octobre 1790.
(*b*) Loi du 16 mai 1792.
(*c*) Loi du 12 mai 1793.
(*d*) Loi du 3 pluviose, an II.
(*c*) Loi du 13 brumaire, an V.

d'armée et dans chaque division de l'intérieur, où fut établi un second conseil de guerre, auquel le conseil de révision renvoyait les jugemens annulés.

C'est la législation qui nous régit aujourd'hui.

Les lois répressives des fautes, des délits et crimes militaires sont toutes éparses, et pourtant une ordonnance du 2 novembre 1833 prescrit au major de faire aux officiers de son régiment un cours de législation militaire. Comment s'y prendra cet officier pour professer le droit militaire quand les jurisconsultes les plus consommés se retrouveraient à peine dans ce dédale? Sans doute la rédaction d'un pareil code entraîne de grandes difficultés, et nous n'avons pas la prétention de présenter le nôtre comme ouvrage parfait; ce n'est qu'une compilation d'ouvrages d'auteurs estimés; en première ligne, nous citerons MM. Perrier, Broutta, Durat de la Salle, Laignel, Chenier, Joubert, Bugeaud, Berriat, Sainte-Chapelle, Quillet, Montureux, à chacun desquels nous avons emprunté pour former notre code. Seulement nous avons réuni ce qui était éparpillé et nous l'avons classé le plus méthodiquement qu'il nous a été possible. Nous avons l'assurance que les chambres doivent s'occuper à la prochaine session de l'adoption d'un nouveau code pénal militaire, et c'est ce qui nous a engagé à rassembler tout ce qui peut servir, éclairer MM. les membres des deux chambres, qui, nous le pensons, pourront utilement consulter cet ouvrage.

Bien que le code pénal ordinaire dise, article 5 : *Les dispositions du présent code ne s'appliquent pas aux contraventions, délits et crimes militaires*, il est pourtant certains cas où l'application en est faite aux militaires (*a*). Ainsi le délit de chasse,

(*a*) Encore bien que l'arrêt de la cour de cassation du 2 mars 1853 décide que la loi du 28 avril 1832 (circonstances atténuantes) n'était en aucun cas applicable à la législation militaire.

l'altération des feuilles de routes et passe-
ports, le vol des armes et munitions appartenant à l'État, le vol de la solde, le vol
des deniers ou effets appartenant à des
militaires où à l'État, commis par des militaires qui en sont comptables, sont passibles des travaux forcés à temps. Si le conseil décide qu'il y a des circonstances atténuantes, la peine peut être réduite, soit à
un emprisonnement de 3 à 5 ans; si les
mêmes vols spécifiés ci-dessus sont commis
par des militaires qui n'en sont pas comptables, ils sont condamnés à la réclusion.
Si le conseil décide qu'il y a circonstances
atténuantes, la peine de réclusion est réduite d'un an à 5 ans de simple emprisonnement; aussi avons-nous jugé convenable
de suivre le mode adopté par le code pénal
ordinaire, et d'échelonner les peines article par article. Voici le code remis à tout soldat entrant au service.

DÉLITS	PEINES
Abandon de son poste par lâcheté.	Mort.
Abandon de son poste pour se livrer au pillage.	Fers, 5 ans.
Abandon de voitures.	Mort.
Absence à la générale.	Prison, 1 mois.
Absence à la générale pour la deuxième fois.	Prison, 6 mois.
Absence à la générale pour la troisième fois.	Fers, 2 ans.
Absence avec récidive lorsqu'on marche à l'ennemi.	Fers, 2 ans.
Abus de pouvoir de la force armée.	Dégradation civique.
Achat d'effets d'armement, d'habillement, d'équipement ou de chevaux.	Trav. publ., 1 an à 5 ans.
Achat d'effets de petit équipement.	Prison, 2 mois à 1 an.
Amputation de traits de chevaux.	Mort.
Armes portées contre la France.	Mort.
Assassinat.	Mort.
Assassinat pour fuir.	Mort.
Attentat à la liberté ou à la sûreté.	Prison, 6 mois.
Attentat à la liberté avec vol et voie de fait.	Fers, 2 ans.
Attroupement (chef d').	Mort.
Attroupement (auteur d').	Mort.
Bons (fabrication de faux).	Fers, 5 ans.
Changement de consigne proche l'ennemi.	Prison, 6 mois.
Chasse.	Police correctionnelle.
Clameurs séditieuses.	Mort.
Complicité.	Même peine que le crime.
Complot de désertion.	Mort.
Congé falsifié.	Fers, 5 ans.
Congé (usage du) d'autrui.	Fers, 5 ans.

DÉLITS	PEINES
Connivence des préposés à la garde des détenus condamnés.	Fers, 2 ans.
Consigne changée près l'ennemi sans en rendre compte.	Prison, 6 mois.
Consigne fausse compromettant la sûreté.	Mort.
Consigne forcée à l'armée.	Fers, 10 ans.
Consigne non exécutée proche l'ennemi.	Fers, 2 ans.
Correspondance avec l'ennemi sans permission.	Mort.
Costume ou uniforme porté sans titre.	Emprisonnement.
Dépouillement d'un mort sans ordre.	Fers, 5 ans.
Dépouillement d'un vivant.	Fers, 10 ans.
Dépouillement avec mutilation ou assassinat.	Mort.
Déserteur absous qui ne représente pas les armes, effets ou chevaux qu'il avait emportés ou emmenés en désertant.	Trav. publ. ou prison suivant le délit dont il s'est rendu coupable.
Désertion à l'intérieur.	Travaux publics, 5 ans.
Désertion avec récidive.	Mort.
Désertion de l'armée ou d'une place de première ligne.	Travaux publics, 5 ans.
Désertion d'un suppléant.	Boulet, 5 ans.
Désertion de service ou par dessus le rempart.	Travaux publics, 5 ans.
Désertion avec effets de ses camarades.	Boulet, 10 ans.
Désertion avec effets de l'État ou du corps.	Travaux publics, 5 ans.
Désertion à l'intérieur non individuelle.	Travaux publics, 5 ans.

1.

DÉLITS	PEINES
Désertion à l'ennemi.	Mort.
Désertion à l'étranger.	Boulet, 10 ans.
Désertion à l'étranger avec récidive ou de service.	Mort.
Désertion après amnistie.	Boulet, 10 ans.
Désertion après grâce.	Mort.
Désertion avec armes à feu, ou avec son cheval.	Maximum de la peine.
Désertion avec armes blanches.	1 an d'aggravation.
Désertion des travaux publics.	Boulet, 10 ans.
Désertion du chef de complot.	Mort.
Désertion en faction.	Mort.
Désobéissance combinée	Mort.
Désobéissance formelle à son supérieur.	Prison, 1 an.
Désobéissance d'une troupe (chef de).	Fers, 10 ans.
Désobéissance en face de l'ennemi.	Mort.
Détention arbitraire	Dégradation civique.
Détournement des effets d'armement, d'équipement ou d'habillement confiés pour le service.	Prison, 6 mois à 2 ans.
Dissipation, idem, idem.	*Idem.*
Distraction d'habillement.	Fers, 5 ans.
Double paye.	Destitution et amende.
Embauchage.	Mort.
Empoisonnement.	Mort.
Enclouage du canon sans ordre.	Mort.
Enlèvement d'un détenu.	Détention.
Enrôlement double.	Fers, 5 ans.
Espionnage.	Mort.
Evasion des prisonniers de guerre (auteur ou complice d').	Fers, 6 ans.
Fabrication de faux certificats.	Emprisonnement.
Falsification de congé.	Fers, 5 ans.

DÉLITS	PEINES
Falsification de consigne compromettant le poste.	Mort.
Falsification de farine.	Fers, 5 ans.
Falsification de feuille de route.	Fers, 5 ans.
Fauteur de désertion.	Prison, 1 an.
Faux témoignage causant la mort.	Mort.
Faux certificat de maladie.	Fers, 2 ans.
Fraude chez un habitant.	Prison, 3 mois.
Fraude avec menaces.	Prison, 6 mois
Fraude avec voie de fait.	Fers, 2 ans.
Fuite des prisonniers de guerre.	Fers, 6 ans.
Gage (mise d'effets ou armes en).	Prison, 2 mois à 4 an.
Incendie.	Mort.
Infidélité dans le poids des rations.	Fers, 2 ans.
Infidélité dans les états de troupe.	Fers, 5 ans.
Inscription sous un faux nom.	Fers, 5 ans.
Insulte à une sentinelle.	Prison, 2 ans.
Insulte à une sentinelle avec voie de fait.	Mort.
Insulte par le subordonné avec propos ou geste.	Fers, 5 ans.
Insulte par le subordonné avec voie de fait.	Mort.
Intelligence avec l'ennemi.	Mort.
Lâcheté en faction en présence de l'ennemi.	Mort.
Lâcheté par abandon dans une affaire.	Fers, 5 ans.
Machination avec l'ennemi.	Mort.
Manque à sa consigne près l'ennemi.	Fers, 2 ans.
Maraude.	Exposition.
Maraude avec persistance ou récidive.	Fers, 5 ans.
Maraude d'une troupe armée.	Fers, 8 ans.

DÉLITS	PEINES
Menaces du subordonné.	Fers, 5 ans.
Menaces avec voie de fait.	Mort.
Meurtre.	Travaux forcés.
Mutinerie des prisonniers de guerre.	Mort.
Pillage à main armée.	Mort.
Recel d'effets mis en gage.	Prison, 2 mois à 1 an.
Recel d'espion.	Mort.
Réception d'un déserteur au camp après la retraite.	Mort.
Refus de l'emploi de la force.	Emprisonnement.
Refus formel de marcher à l'ennemi.	Mort.
Résistance des prisonniers de guerre.	Mort.
Révélation à l'ennemi du mot d'ordre.	Mort.
Service contre la France.	Mort.
Sommeil d'un factionnaire près l'ennemi.	Fers, 2 ans.
Substitution de nom sur un congé.	Fers, 5 ans.
Trahison.	Mort.
Tambour ou trompette qui sans ordre passe les avant-postes.	Mort.
Vente d'armes, habillemens, équipement.	Trav. publics, 2 à 5 ans.
Vente d'effets de petit équipement.	Prison, 2 mois à 1 an.
Viol.	Fers, 8 ans.
Viol d'une fille de moins de 14 ans.	Fers, 12 ans.
Viol suivi de mort.	Mort.
Violation de la consigne générale.	Fers, 10 ans.
Voies de fait envers le subordonné.	Prison, 1 an.
Voies de fait suivies de mort.	Mort.
Voies de fait du subordonné envers le chef.	Mort.

DÉLITS	PEINES
Vol chez son hôte.	Fers, 10 ans.
Vol en augmentant l'effectif de la troupe.	Fers, 3 ans.
Vol des armes et des munitions appartenant à l'État, de l'argent de l'ordinaire, de la solde, des deniers ou effets quelconques appartenant à des militaires ou à l'État, commis par des militaires qui en sont comptables.	Travaux forcés à temps.
Vol, idem, par des militaires qui n'en sont pas comptables.	Réclusion.

DIVISION DES TRIBUNAUX MILITAIRES

Trois Tribunaux sont institués pour la Justice militaire : deux conseils permanens, un conseil de révision.

Il y a pour la France 21 divisions militaires, composées chacune de plusieurs départemens, avec un chef-lieu ou sont placés les états-majors.

Tableau des divisions militaires.

NUMÉROS ET CHEFS-LIEUX des états-majors.	DÉPARTEMENS.
1re Paris.	Seine. Seine-et-Oise. Seine-et-Marne. Aisne. Oise. Eure-et-Loir.

NUMÉROS ET CHEFS-LIEUX des états-majors.	DÉPARTEMENS.
2e Châlons-sur-Marne.	Marne. Meuse. Ardennes.
5e Metz	Moselle. Meurthe. Vosges.
4e Tours.	Indre-et-Loire. Loir-et-Cher. Vienne. Sarthe. Mayenne.
5e Strasbourg	Bas-Rhin. Haut-Rhin.
6e Besançon	Doubs. Haute-Saône. Jura.
7e Lyon	Rhône. Ain. Isère. Hautes-Alpes. Drôme. Loire.
8e Marseille	Vaucluse. Basses-Alpes. Bouches-du-Rhône. Var.
9e Montpellier	Hérault. Aveyron. Gard. Ardèche. Lozère.
10e Toulouse	Haute-Garonne. Tarn. Tarn-et-Garonne. Lot.

NUMÉROS ET CHEFS-LIEUX des états-majors.	DÉPARTEMENS.
11e Bordeaux	Gironde. Charente. Charente-Inférieure. Dordogne. Lot-et-Garonne.
12e Nantes	Loire-Inférieure. Vendée. Maine-et-Loir. Deux-Sèvres.
13e Rennes	Ille-et-Villaine. Morbihan. Finistère. Côtes-du-Nord.
14e Rouen	Seine-Inférieure. Eure. Calvados. Orne. Manche.
15e Bourges	Indre. Cher. Nièvre. Haute-Vienne. Creuse.
16e Lille	Nord. Pas-de-Calais. Somme.
17e Bastia	Corse..
18e Dijon	Côte-d'Or. Haute-Marne. Saône-et-Loire. Yonne. Aube.

NUMÉROS ET CHEFS-LIEUX des états-majors.	DÉPARTEMENS.
19e Clermont	Puy-de-Dôme. Allier. Haute-Loire. Cantal. Corrèze.
20e Bayonne.	Hautes-Pyrénées. Basses-Pyrénées. Gers. Landes.
21e Perpignan.	Pyrénées-Orientales. Aude. Ariège.
Armée d'Afrique	Alger. Oran. Bône. Bougie.

Places où siègent les Conseils permanens et les Conseils de révision

DIVISIONS MILITAIRES	1er CONSEIL permanent	2e CONSEIL permanent	CONSEIL de révision
1re Paris . . .	Paris	Paris	Paris.
2e Châlons-s.-Marne . .	Verdun . . .	Mézières. . .	Châlons-sur-Marne.
3e Metz. . . .	Metz.	Metz.	Metz.
4e Tours . .	Tours	Tours	Tours.
5e Strasbourg	Strasbourg. .	Strasbourg. .	Strasbourg.
6e Besançon .	Besançon . .	Besançon . .	Besançon.
7e Lyon. . . .	Lyon	Lyon.	Lyon.
8e Marseille .	Toulon . . .	Marseille. . .	Marseille.
9e Montpellier	Montpellier .	Montpellier. .	Montpellier.

DIVISIONS MILITAIRES	1er CONSEIL permanent	2e CONSEIL permanent	CONSEIL de révision
10e Toulouse . .	Toulouse . . .	Toulonse. . .	Toulouse.
11e Bordeaux . .	Bordeaux . .	Bordeaux . .	Bordeaux.
12e Nantes. . .	La Rochelle .	Nantes. . . .	Nantes.
13e Rennes . .	Rennes . . .	Brest	Rennes.
14e Rouen. . .	Cherbourg. .	Rouen	Rouen.
15e Bourges. .	Bourges . . .	Nevers. . . .	Bourges.
16e Lille. . . .	Lille.	Lille.	Lille.
17e Bastia . . .	Bastia	Ajaccio. . . .	Bastia.
18e Dijon . . .	Dijon	Dijon.. . . .	Dijon.
19e Clermont .	Clermont . . .	Clermont. . .	Clermont.
20e Bayonne. .	Pau	Bayonne. . .	Bayonne.
21e Perpignan.	Foix.	Perpignan . .	Perpignan.
Afrique	3 conseils réunis à Alger, Oran, Bone, Bougie.		

L'extrait du code militaire qu'on donne à chaque soldat est-il toujours également appliqué? nous pouvons affirmer le contraire, il laisse à la jurisprudence le soin de régler beaucoup de choses que les juges militaires voudraient trouver dans la loi. De là ces nombreuses contradictions dans les jugemens identiques aux mêmes cas; souvent même une nouvelle jurisprudence surgit au renouvellement des membres d'un conseil.

Nous avons dit que trois tribunaux étaient

institués pour la justice militaire, deux conseils de guerre permanens, un conseil de révision (*a*),

La cour de cassation (*b*) a cassé les conseils spéciaux établis lors des troubles de la Vendée et de Paris, comme contraires à à l'esprit de la charte de 1830, qui dit, article 54 : *Il ne pourra être créé de commissions et de tribunaux extraordinaires, à quelque titre et sous quelque dénomination que ce puisse être.*

Restent donc les conseils de guerre permanens et les conseils de révision. Leur légalité ne peut être mise en doute ; la charte de 1814 les a maintenus, l'ordonnance du 21 février 1816 les a confirmés, et la charte de 1830 les a conservés et reconnus, en déclarant toujours en vigueur les lois existantes. Avant de nous occuper de leur attribution respective, nous croyons utile de les faire précéder du code de procédure militaire.

(*a*) Arrêté du 11 frimaire an VI.
(*b*) Juin 1832 déclare illégaux les conseils de guerre spéciaux établis lors de l'état de siége de Paris.

CODE

D'INSTRUCTION CRIMINELLE

CODE

D'INSTRUCTION CRIMINELLE

1. Toute personne composant l'armée est considérée militaire, et est, à ce titre, justiciable des conseils de guerre (*a*).

2. La connaissance des délits commis par des militaires isolés, en congé ou loin de leur corps, appartient aux tribunaux ordinaires (*b*).

3. Les militaires, même sous les drapeaux, ne sont pas justiciables des tribunaux militaires pour le crime de faux; ce crime est du ressort des cours d'assises (*c*).

4. Les officiers disponibles prévenus d'un délit commun doivent être traduits devant les tribunaux ordinaires (*d*).

5. Les invalides réunis à l'hôtel des Invalides sont, pour les crimes qu'ils y commettent, justiciables des tribunaux militaires (*e*).

6. Il est établi deux conseils de guerre permanens par chaque division de l'armée et par chaque division de l'intérieur (*f*).

7. Les tribunaux militaires sont compétens pour connaître des délits com-

(*a*) Loi du 13 brumaire an V.

(*b*) Conseil d'Etat, 7 fructidor an XII.

(*c*) Loi du 24 floréal an X. Voir arrêté du 17 messidor an XII.

(*d*) Avis du conseil d'Etat du 12 janvier 1811.

(*e*) Arrêts de la cour de cassation du 23 janvier 1829 et 3 mars 1831.

(*f*) Lois du 13 brumaire an V et 18 vendémiaire an VI.

mis par des militaires aux armées, dans les camps, cantonnemens, garnisons, et présens à leur corps (a).

8. Il est établi un conseil de révision permanent dans chaque division de l'armée et dans chaque division de l'intérieur (b).

9. En cas d'annulation pour cause d'incompétence, le conseil de révision renvoie le fond du procès au tribunal compétent (c).

10. En cas d'annulation pour autre cause, l'affaire est portée devant celui des deux conseils de guerre permanent de la division qui n'a pas jugé primitivement le procès (d).

11. En cas de double annulation pour différentes causes, d'un jugement rendu successivement par les deux conseils de guerre permanens d'une division, l'affaire est renvoyée, dans les trois jours, devant le premier conseil de guerre permanent de l'une des divisions les plus voisines (e).

La décision du conseil de révision désigne ce conseil.

12. Lorsqu'après une annulation, le second jugement est attaqué par les mêmes moyens que le premier, la question n'est plus du ressort d'un conseil de révision ; il doit être recouru à la cour de cassation (f).

13. Les conseils de guerre comme les tribunaux ordinaires ont deux sortes de jugement : le jugement de condamnation et le jugement d'acquittement.

14. Le jugement de condamnation, qui déclare l'accusé coupable des faits à lui reprochés, et prononce contre lui la peine déterminée par la loi.

15. Le jugement d'ac-

(a) Avis du conseil d'Etat du 30 thermidor an XII.

(b) Loi du 18 vendémiaire an VI.

(c) Ibid.

(d) Loi du 27 fructidor an VI.

(e) Loi du 29 prairial an VI.

(f) Loi du 18 vendémiaire an VI.

quittement , qui déclare l'accusé non coupable et ordonne sa mise en liberté s'il n'est détenu pour autre cause.

16. Le conseil de guerre rendra ainsi son jugement : Le conseil de guerre permanent déclare que N..... est coupable ou acquitté de l'accusation dirigée contre lui, conformément aux art. 31 et 37 de la loi du 13 brumaire an V.

17. Un conseil de guerre permanent se compose de sept membres : 1° un colonel président ; 2° un chef de bataillon ou d'escadron ; 3° un capitaine en premier ; 4° un capitaine en second ; 5° un lieutenant ; 6° un sous-lieutenont ; 7° un sous-officier (a).

18. Outre ces sept juges , les fonctions de rapporteur seront remplies par un capitaine ; un autre capitaine remplit les fonctions de commissaire du roi (b).

(a) Loi du 13 brumaire an V.

(b) Ibid. et décret du 3 février 1813.

19. Le greffier sera choisi par le rapporteur.

20. Tous les membres composant le conseil de guerre permanent , à l'exception du greffier , sont nommés par le commandant en chef de la division , qui peut aussi nommer, sur la demande du président , un ou plusieurs substituts au rapporteur (c).

21. Pour siéger à un conseil de guerre , il faut avoir 25 ans accomplis (d).

22. Nuls parens ou alliés, au degré prohibé par les lois ordinaires, ne peuvent siéger au même conseil de guerre (e).

23. Nul parent d'un prévenu ne peut siéger au conseil chargé de juger ce prévenu.

24. Nul militaire , sous peine de trois mois de prison et même de destitution , à moins de maladie dûment constatée, ne peut récuser sa nomination de

(c) Loi du 27 fructidor an VI.

(d) Loi du 3 pluviose an II.

(e) Loi du 13 brumaire an V.

membre d'un tribunal militaire (*a*).

25. Le local pour servir aux séances des conseils de guerre doit être fourni par les soins des employés du génie militaire.

26. Dans les villes peu fortes où il ne se trouve pas un nombre suffisant d'officiers de grade requis pour la formation des conseils de guerre et de révision permanens, on complétera ces tribunaux en mettant un officier supérieur à la place du général et un capitaine à la place de chaque officier supérieur manquant. Dans ce cas, le conseil est toujours présidé par l'officier supérieur le plus élevé en grade, et à grade égal, par le plus ancien de service dans ce grade (*c*).

27. Si le nombre des officiers du grade requis par l'article précédent ne pouvait se compléter, alors on peut remplacer tout officier manquant par un officier de grade inférieur, jusqu'à celui de sous-lieutenant (*d*).

Plainte dirigée contre un accusé.

28. Le militaire accusé d'un crime ou d'un délit sera immédiatement mis en état d'arrestation (*b*).

29. Le rapporteur, sur l'ordre du général ou sur la réquisition de la partie plaignante, dressera la plainte.

L'an (indiquer l'année), le (indiquer la date, le mois et l'heure), par devant nous (prénoms, noms, grade et corps), rapporteur près le conseil, agissant en vertu des ordres de M. le lieutenant général commandant la (indiquer la division) militaire, et assisté du sieur (nom et prénoms), qui a prêté serment comme greffier nommé par nous, en la salle du greffe, sise à (indiquer le lieu), s'est pré-

(*a*) Loi du 13 brumaire an V.

(*b*) Ibid.

(*c*) Décret du 17 frimaire an XIV.

(*d*) Décret du 16 février 1807.

senté le sieur (nom, prénoms, âge, grade, compagnie, bataillon ou escadron, corps et domicile), lequel nous a invité à recevoir la plainte en (désigner le crime ou délit), qu'il entend porter contre le nommé (nom du prévenu) ; et en effet ayant obtempéré à son invitation, il a déposé comme suit :

Déposition du plaignant.

Lecture faite de la présente plainte au sieur (nom du plaignant), il a dit celle-ci être fidèlement écrite ; qu'elle contenait vérité, n'y prétendant rien ajouter, ni diminuer, qu'il y persistait, et il a signé avec nous et le greffier du conseil.

(S'il ne peut ou ne veut signer en faire mention).

30. La plainte reçue et les témoins indiqués pour procéder à l'instruction contre le prévenu, le rapporteur citera les témoins en vertu d'une assignation dont le modèle suit : « Nous soussigné, rapporteur près ledit conseil, en vertu des ordres qui nous ont été notifiés par M. le lieutenant général commandant en chef la division, requérons le sieur N... de comparaître au greffe du premier conseil de guerre permanent (désigner le lieu où est situé le greffe et indiquer la ville), le...., à..... heures....., à l'effet d'y faire sa déclaration relative au nommé..... Le témoin requis est prévenu que faute par lui de se conformer à la présente assignation, il y sera contraint par les voies de droit.

31. Sur la citation donnée, les témoins comparaîtront devant le rapporteur chargé de l'instruction, lequel entendra chaque témoin séparément et dressera un procès-verbal d'information dont la formule suit :

32. Procès-verbal d'information. — Premier conseil de guerre permanent de la première division militaire :

« L'an (indiquer l'année), le (indiquer la date, le mois et l'heure), par devant nous (nom, prénoms, grade et corps) , rapporteur près le conseil, agissant en vertu des ordres de M. le lieutenant général commandant la (indiquer la division) militaire , et assisté du sieur (nom , prénoms) , qui a prêté serment comme greffier nommé par nous , en la salle du greffe sise à (indiquer le lieu), est comparu en vertu de notre cédule du (date, mois), le témoin ci-après nommé, auquel nous avons donné lecture des pièces ;

« Lequel, hors la présence du prévenu, après avoir représenté la citation à lui donnée, a prêté serment de dire toute la vérité, rien que la vérité, et enquis par nous de ses nom, prénoms, âge. profession et demeure ; s'il est domestique, parent ou allié des parties et à quel degré, nous a répondu et fait sa déposition ainsi qu'il suit :

(Le témoin déclare d'abord ses nom, prénoms, son âge, sa profession et sa demeure. S'il est militaire, il indique son grade, sa compagnie , son bataillon ou escadron, son régiment. Il déclare ensuite s'il est parent, allié ou domestique des parties ; puis il dépose des faits qui sont à sa connaissance.)

« Lecture faite de sa déposition, le comparant y a persisté comme contenant la vérité, et a signé avec nous et le greffier. »

Si le témoin ne sait signer, il en est fait mention.

Tous les témoins entendus, le procès-verbal est clos par ces mots :

« Ainsi fait, clos et arrêté le présent procès-verbal d'information, les jour, mois et an que dessus (a).

33. Le procès-verbal d'information terminé, le rapporteur interrogera l'accusé et il dressera un procès-verbal d'interrogatoire:

« L'an (indiquer l'année), le (la date, le mois et l'heure), nous (nom et

(a) Art. 13 et 15 de la loi du 13 brumaire an V.

prénoms), rapporteur près le conseil, agissant en vertu des ordres de M. le lieutenant général commandant la (dire la division) militaire), et assisté du sieur (nom et prénoms du greffier), qui a prêté serment comme greffier nommé par nous, avons fait extraire de (indiquer la prison), à l'effet de l'interroger, le nommé (nom, prénoms, grade, compagnie, bataillon), accusé (indiquer le crime). En conséquence, nous avons fait amener devant nous en la salle du greffe, sise à (indiquer le lieu), ledit accusé que nous avons interrogé ainsi qu'il suit.... Interpellé de déclarer ses nom, prénoms, âge, lieu de naissance, profession, domicile, il a répondu se nommer (nom, prénoms), né le....., à....., canton de....., arrondissement de....., dépendances de.....; avant son entrée au service, exerçait la profession de.....; entré au service le..... comme....., maintenant (grade, compagnie, bataillon ou escadron et corps), en garnison à....., de la taille d'un mètre..... millimètres (le signalement en entier), inscrit au contrôle du corps sous le numéro (indiquer le numéro matricule).

» D.....

» R.....

» D. Vous êtes (accusé ou prévenu) de (indiquer les motifs de l'accusation ou de la prévention). Qu'avez-vous à faire valoir pour votre défense?

» R.....

» D. Avez-vous fait choix d'un défenseur?

» R.....

34. S'il y a des preuves matérielles du délit, elles lui seront représentées pour qu'il ait à déclarer s'il les reconnaît.

» Lecture faite audit (nom du prévenu) du présent procès-verbal d'interrogatoire, il a dit ses réponses être fidèlement transcrites, qu'elles contenaient vérité, qu'il y persistait, et il a signé avec nous et le greffier du conseil (en approuvant les mots rayés s'il y en a).

» De suite et en exécution des articles 17 et 19 de la loi du 13 brumaire an V, nous avons donné audit (nom du prévenu) lecture de toutes les pièces de la procédure tant à charge qu'à décharge ; ensuite (si le prévenu n'a pas choisi son défenseur) nous avons nommé pour le défendre M. (nom, profession, avocat ou autre), et nous avons clos ces présentes par notre signature, celle dudit prévenu (nom) et du greffier du conseil (a).

35. Le lieutenant général, après le procès-verbal d'interrogatoire fait par le rapporteur, ordonnera la convocation du conseil de guerre à l'effet de juger l'accusé (b).

36. Le conseil, aussitôt l'ordre de convocation reçu, s'assemblera et procédera au jugement.

37. Avant de juger le fond, le conseil statuera sur les exceptions proposées par l'accusé ou son défenseur, le tribunal ordonnera alors un complément d'instruction.

38. Le conseil délibérera à huis-clos, seulement en présence du commissaire du roi.

39. Le président après avoir recueilli séparément, en commençant par le grade inférieur, déclarera qu'il y a lieu d'ordonner un plus ample informé. Il enjoindra au rapporteur de faire ses diligences à cet effet pour parfaire l'instruction.

40. Il sera accordé vingt-quatre heures à l'accusé pour se pourvoir en révision, et lecture de la décision du conseil sera faite à l'accusé en présence de la garde assemblée, assisté du greffier du conseil.

41. Si le conseil se déclare incompétent, il devra délibérer également à huis-clos en présence du commissaire du roi. Les voix recueillies, le président dira : Le conseil de guerre permanent se déclare incompétent pour juger l'accusé N.

(a) Art. 15, 16, 17, 18 et 19 de la loi du 13 brum. an V.
(b) Art. 22 de la loi du 13 brumaire an V.

42. Le conseil de guerre ordonnera que l'accusé et toutes les pièces de la procédure, ainsi que la copie du jugement, soient renvoyés devant un nouveau conseil de guerre pour être statué de nouveau.

43. Le jugement étant contradictoire, le président, après avoir entendu le rapporteur, l'accusé et son défenseur, demandera aux membres du conseil s'ils ont des observations à faire.

44. Sur leur réponse négative et avant d'aller aux opinions, il ordonnera à l'accusé et à son défenseur de se retirer.

45. Lorsque le conseil, par l'organe de son président, aura déclaré que l'accusé est ou non coupable à telle majorité, le commissaire du roi fera son réquisitoire pour l'application de la peine.

46. Le conseil de guerre, faisant droit audit réquisitoire, condamne N. (indiquer si c'est à l'unanimité ou à la majorité déterminée par la loi du 13 brumaire an V ; mettre ensuite les nom, prénoms grade et régiment du condamné, dire que la peine est appliquée en vertu des articles de telles lois.) (a).

47. Si le jugement doit être imprimé, le président, après le prononcé de la sentence, ajoutera : Ordonne que le présent jugement sera imprimé, affiché et imprimé au nombre de cent exemplaires.

48. Le conseil enjoindra au rapporteur de lire de suite le présent jugement au condamné, en présence de la garde assemblée sous les armes ; il avertira le condamné que la loi lui accorde 24 heures pour se pourvoir en révision, et ordonnera que l'expédition du jugement sera envoyée au ministre de la guerre et au général commandant la division (b).

49. Le conseil indiquera que le procès est clos et a été jugé sans désemparer,

(a) Loi du 18 germ. an VII.
(b) Art. 29 de la loi du 13 brumaire an V.

en séance publique à (le lieu), les jour, mois et an que dessus.

50. Les membres du conseil signeront avec le rapporteur et le greffier la minute du jugement.

51. Le jugement d'acquittement sera rendu de la même manière et dans les mêmes formes que le jugement de condamnation (*a*).

52. S'il s'agit d'un jugement par contumace, le conseil de guerre permanent, faisant droit au réquisitoire du commissaire du roi, condamnera l'accusé contumax, dans la même forme et teneur que pour le jugement de condamnation.

53. Dans tous les jugemens d'avant faire droit, d'incompétence, de condamnation, d'acquittement ou par contumace, le président, à l'ouverture de la séance, fera apporter par le greffier et déposer devant lui, sur le bureau, un exemplaire de la loi du 15 brumaire an V, et demandera ensuite au rapporteur la lecture du procès-verbal d'information, et de toutes les pièces tant à charge qu'à décharge envers l'accusé.

Du pourvoi.

54. Le condamné et le commissaire du roi ont le droit d'attaquer devant une juridiction supérieure, les jugemens des conseils de guerre (*b*).

55. Le pourvoi consiste

(*a*) Loi du 27 fruct. an VI, et s'il s'agit d'officiers supérieurs, de la loi du 4 fructidor an V.

(*b*) Lois du 18 vendémiaire an VI et 15 brumaire an VI,

dans un procès-verbal dressé par le concierge de la maison d'arrêt militaire, lequel fait comparaître le condamné devant lui, et l'interpelle s'il entend se pourvoir en révision.

56. Sur la réponse affirmative du condamné, le procès-verbal sera envoyé au greffe du conseil de guerre qui aura rendu le jugement.

57. Le procès-verbal qui constatera le pourvoi, sera toujours individuel, encore bien que le jugement ait frappé plusieurs condamnés.

58. Le pourvoi indiquera la maison d'arrêt militaire où il aura été formé.

59. Le concierge de la prison, assisté de son greffier, fera appeler au greffe l'accusé condamné; il lui demandera s'il entend ou non se pourvoir en révision contre le jugement dont la lecture lui sera donnée.

60. Le condamné ayant déclaré qu'il entend se pourvoir ou non, contre le dit jugement, le concierge en dressera procès-verbal, qui sera signé par le condamné, le concierge et le greffier.

61. Si le pourvoi est formé par le commissaire du roi, il déclarera se pourvoir en révision contre le jugement rendu le (indiquer le jour, la date, le mois,) qui acquitte le (désigner le condamné); le pourvoi du commissaire du roi sera fait au greffe du conseil de guerre qui a rendu le jugement.

62. Le pourvoi sera notifié au greffe du conseil de guerre qui a rendu le jugement, dont l'exécution sera suspendue (a).

63. Dans les 24 heures de la notification de ce pourvoi, le conseil de guerre enverra les pièces de la procédure au président du conseil de révision, qui convoquera immédiatement les membres de ce conseil.

64. Le rapporteur choisi par les membres de ce conseil de révision pour examiner l'affaire, lira son rapport à l'audience.

65. Après la lecture du rapport, le défenseur ou le commissaire du roi sont entendus, et le conseil prononce l'arrêt.

66. Si le conseil de révision confirme, il rend ainsi son arrêt : Le conseil, après en avoir délibéré, considérant que le conseil

(a) Art. 13 de la loi du 18 vendémiaire an VI.

de guerre était compétent, que l'information et l'instruction ont été régulièrement faites, et que la loi a été bien appliquée, déclare que le susdit jugement est confirmé et qu'il aura sa pleine et entière exécution.

67. Le conseil chargera le rapporteur de transmettre cette décision au conseil permanent qui aura rendu le jugement.

68. Si le conseil de révision annule, il citera en entier le texte de la loi violée, et pour cette violation, annulera le jugement (a).

69. Le conseil de révision renverra toutes les pièces du procès et l'accusé devant un autre conseil de guerre permanent.

70. Le conseil chargera le rapporteur de transmettre, à qui de droit, dans les 24 heures, la présente décision, avec les pièces de la procédure : il chargera également le rappor-

teur d'adresser une copie de la décision, tant au ministre de la guerre qu'au conseil de guerre qui a rendu le jugement.

71. La décision du conseil de révision, qui rejette un pourvoi, est la même que celle qui annule.

72. La police de l'audience appartenant au président, si quelqu'un s'écartait du respect dû au tribunal, le président pourrait le rappeler à l'ordre et le condamner à 15 jours de prison (b).

73. Le commandant de la division convoquera le conseil de guerre, en désignant le jour de la convocation. Le président fixera l'heure et le lieu de la séance.

74. Le rapporteur préviendra au moins 24 heures d'avance tous les membres du conseil ; il leur indiquera le jour, le lieu et l'heure de la séance.

75. Après s'être assuré que les lois sont déposées

(a) Art. 16 de la loi du 18 brumaire an VI.

(b) Art. 24 de la loi du 13 brumaire an V.

sur le bureau, le président interrogera l'accusé et entendra les témoins (a).

76. Les membres du conseil, avec l'agrément du président, pourront interroger l'accusé et les témoins.

77. Lorsque les localités ne permettent pas au conseil de passer dans une autre salle pour y délibérer, le président fera évacuer le public de l'audience (b).

78. Le président posera les questions sur la culpabilité de l'accusé et sur l'application de la peine, disant : l'accusé est-il coupable d'avoir commis tel délit ou tel crime?

79. Le président passe ensuite aux opinions, recueille les voix en commençant par le grade inférieur et donne le dernier son opinion.

80. Le texte de la loi sera toujours lu par le président avant de prendre l'avis des juges pour l'ap-

plication de la peine (c).

81. Le huis-clos ayant cessé et l'audience de nouveau rendue publique, chaque membre du tribunal reprend sa place et le président lit à haute voix la décision du conseil, lit le texte des articles de lois dont l'application est faite à l'accusé, et ordonne au rapporteur de faire exécuter le jugement (d).

82. Si l'accusé est acquitté, le président ordonnera qu'il sera mis sur-le-champ en liberté et renvoyé à son corps ; puis il lèvera la séance (e).

83. Le 1er de chaque mois, le président enverra au ministre de la guerre copie certifiée de tous les jugemens rendus par le conseil qu'il aura présidé pendant le mois précédent (f).

(a) Art. 26 et 27 de la loi du 13 brumaire an V.

(b) Art. 29 et 30 de la loi du 13 brumaire an V.

(c) Art. 32 de la loi du 13 brumaire an V.

(d) Art. 34, 35 et 36 de la loi du 13 brumaire an V.

(e) Trois voix acquittent, cinq condamnent.

(f) Instruction ministérielle du 26 février 1829.

84. Le président sera dépositaire de la minute des procédures et jugemens, lesquels seront inscrits sur un registre (*a*).

85. Les lieutenans-colonels pourront suppléer les colonels dans la présidence d'un conseil de guerre permanent, le grade de lieutenant-colonel ayant remplacé dans la hiérarchie militaire actuelle ceux de major en premier et en second qui existaient en 1812 (*b*).

86. Un officier supérieur, à défaut de lieutenant-colonel, pourra présider le conseil de guerre permanent ; en cas de nécessité absolue, le conseil pourra être présidé par un capitaine (*c*).

87. Ne pourra jamais être président ou membre d'un conseil de guerre ni de révision, le chef d'état-major d'une division (*d*).

88. Le rapporteur, après avoir terminé l'instruction, en donnera immédiatement avis au commandant de la division, lequel convoquera aussitôt le conseil.

89. Toute plainte pourra être reçue par le substitut du rapporteur, assisté du greffier ; il entendra les témoins, fera signer leur déposition ou fera mention qu'ils ne savent signer ; il interrogera le prévenu et le fera écrouer à la prison militaire du lieu où siégera le conseil de guerre appelé à juger l'accusé (*e*).

90. La durée des fonctions des substituts ne peut excéder trois mois ; après ce délai, ils pourront être continués ou remplacés, sur la demande du président (*f*).

91. Le commis-greffier, comme le greffier assiste le rapporteur quand celui-ci reçoit la plainte, entend

(*a*) Code d'instruction criminelle, art. 268.

(*b*) Décrets du 24 janvier 1812 et du 4 janvier 1814.

(*c*) Ordonnance du 3 août 1815.

(*d*) Loi du 7 fruct. an VI.

(*e*) Art. 14, 15, 16 et 17 de la loi du 13 brum. an V.

(*f*) Loi du 27 fruct. an VI.

le témoin et le prévenu et signe tous les procès-verbaux.

92. La durée des fonctions des commis-greffiers est comme celle des substituts-rapporteurs, de trois mois (*a*).

93. Il sera payé au greffier et au commis-greffier une indemnité de 12 fr. par chaque jugement contradictoire, et une de 6 fr. pour chaque jugement par défaut.

94. L'accusé pourra choisir son défenseur parmi toutes les personnes présentes au lieu où siége le conseil de guerre.

95. Le défenseur ne pourra jamais retarder la convocation du conseil de guerre.

96. La communication de toute l'instruction sera faite, au défenseur, sans déplacement du dossier (*b*).

97. Le défenseur aura toujours la parole le dernier et pourra répondre aux questions que le pré-

sident adresse à son client (*c*).

98. Tout témoin, sur l'assignation du rapporteur, est tenu de comparaître sous peine d'amende et de contrainte par corps (*d*).

99. Les témoins militaires recevront paiement, mais seulement lorsqu'ils auront été obligés de se déplacer et qu'ils auront été assignés à la requête du rapporteur.

100. Les témoins assignés à la requête de l'accusé seront à la charge de ce dernier, à moins qu'il ne justifie d'insolvabilité. Alors il présentera requête au président du conseil, qui permettra d'assigner.

101. Si des témoins sont trop éloignés du lieu où siége le conseil de guerre, le rapporteur adresse, par commission rogatoire, les questions aux officiers de gendarmerie du lieu où résident les té-

(*a*) Loi du 27 fruct. an VII.

(*b*) Art. 19, 20 et 21 de la loi du 15 brum. an V.

(*c*) Art. 27 de la loi du 13 brumaire an V.

(*d*) Titre 5 du décret du 12 mai 1793.

moins, qui interrogent les témoins désignés et renvoient le procès-verbal d'information après l'instruction terminée.

102. Le président, le rapporteur pourront appeler aux débats des interprètes, des experts jurés ayant le soin de leur faire prêter serment.

103. L'interprète ne pourra jamais être pris parmi les témoins et les juges.

104. Les séances du conseil de guerre sont publiques ; toutefois le président pourra limiter le nombre des auditeurs au triple de celui des juges (*a*).

105. Nul ne peut y entrer la tête couverte. Les cannes et les armes sont prohibées.

106. L'accusé doit être jugé sans désemparer, à moins qu'il ne soit renvoyé devant un autre tribunal (*b*).

107. Sur la demande du rapporteur ou de l'accusé,

le conseil peut ordonner qu'il soit sursis au jugement pour plus ample informé (*c*).

108. L'accusé paraîtra à l'audience libre et sans fers, accompagné de son défenseur (*d*).

109. S'il y a une partie civile, elle exposera sa plainte ; l'accusé ou son défenseur y répondront.

110. Lorsqu'interrogés par le président, l'accusé et son défenseur déclareront n'avoir plus rien à ajouter à la défense, l'accusé sera reconduit par son escorte.

111. Les colonels et officiers supérieurs, commandans aux régimens, peuvent seuls condamner un officier à la réprimande (*c*).

112. Les lieutenans-co-

(*a*) Art. 24 de la loi du 13 brumaire an V.

(*b*) Art. 23 de la loi du 13 brumaire an V.

(*c*) Décret du 18 prairial an II. — Circulaire ministérielle du 28 février 1832.— Arrêté du 29 vendémiaire an XII.

(*d*) Art. 26 de la loi du 13 brumaire an V.

(*e*) Ordonnance royale du 2 novembre 1833.

lonels, les chefs de bataillon, les officiers commandant un détachement , les
capitaines dans leur com-
pagnie, ou les officiers qui
les commandent , l'adju-
dant-major , le capitaine
hors de sa compagnie et le
lieutenant, peuvent infliger
à l'officier les arrêts simples (a).

113. Le colonel et l'of-
ficier supérieur, comman-
dant au régiment peuvent,
outre la réprimande, infliger les arrêts de rigueur,
la prison et la mention à
l'ordre (b).

114. Le maréchal de
camp et le lieutenant gé-
néral, sous les ordres desquels le corps est placé,
peuvent diminuer, augmen-
ter et changer la punition
des arrêts de rigueur et de
la prison (c).

115. Le maréchal de
camp décide qu'un sous-
officier descendra au grade

(a) Ordonnance royale du
2 novembre 1833.
(b) Art. 269 et 270 du 2
novembre 1833.
(c) Art. 269 et 270 du 2
novembre 1833.

ou à l'emploi inférieur ;
quand il y a lieu, il prononce la cassation d'un
caporal.

116. Si les sous-officiers
et caporaux sont membres
de la Légion-d'Honneur ,
ils ne peuvent être cassés
que par autorisation du ministre de la guerre, sur la
proposition du lieutenant
général.

117. Les officiers géné-
raux sous les ordres des-
quels se trouve une trou-
pe, le commandant de la
place peuvent seuls con-
signer au quartier la tota-
lité ou une partie de cette
troupe.

118. Les commandans
de place pourront mettre
aux arrêts simples, tout
officier d'un grade égal au
leur ; ils peuvent mettre
aux arrêts de rigueur et en
prison les officiers d'un
grade qui leur est inférieur;
ils ont, quant à la durée
des punitions qu'ils leur in-
fligent , les mêmes droits
qu'un colonel.

119. Le sous-intendant
militaire peut demander au
colonel la punition du ma-

Punitions que peuvent infliger les officiers, sous-off
dans un régiment. (Art. 268 et suivants

NOTA. Les supérieurs de tous les grades peuvent appointer *le*
ou plusieurs jours d'nspection avec la garde, pour négligenc
phcs 7 et 9.)

	DÉSIGNATION DES GRADES QUI INFLIGENT DES PUNITIONS.	Privés de sortir après l'appel.	Consignés aux quartiers.
1.	Le colonel*...	«	»
2.	Le lieutenant-colonel et les officiers supérieurs.	»	30
3.	Les adjudans-majors et les capitaines aux hommes d'autres compagnies................	»	15
4.	Les capitaines dans leurs compagnies.........	»	30
5.	Les lieutenans et sous lieutenans............	»	8
6.	Les adjudans-sous-officiers à tout le monde...	»	8
7.	Les sergens-majors à des hommes d'autres compagnies..................................	»	4
8.	Le sergent-major dans sa compagnie	»	8
9.	Les sergens dans d'autres compagnies et dans leurs compagnies...........................	»	»
10.	Les caporaux dans d'autres compagnies et dans leurs compagnies...........................	»	»

* Le colonel ou le commandant du régiment peut seul en outre
colonel peut ordonner que les hommes punis de prison subissent

de guerre prévaricateur sera puni de six mois à cinq ans de fer (a).

21. Tout complice sera puni de la même peine que l'auteur du crime ou du délit (b).

22. Tout auteur de congé falsifié sera condamné à cinq ans de fer (c).

23. La connivence des commissaires des guerres pour vol sera passible de cinq ans de fer (d).

24. Tout gendarme qui aidera, facilitera l'évasion d'un déserteur sera condamné à deux ans de fer (e).

25. La consigne changée près l'ennemi, sans en rendre compte, entraîne six mois de prison (f).

26. Toute fausse consigne compromettant la sûreté est punie de mort (g).

27. La consigne forcée entraîne dix ans de fer (h). Toute consigne donnée et non exécutée proche l'ennemi sera punie de deux ans de fer (i).

28. L'auteur d'une contrefaçon de bons sera condamné à cinq années de fer (j).

29. Celui qui, sans permission, correspondra avec l'ennemi, sera condamné à mort (k).

30. Tout militaire qui, sur le champ de bataille, dépouillera un mort sans ordre, sera puni de cinq ans de fer (l).

31. Celui qui, dans la

(a) Art. 22 de la loi du 12 mai 1793.

(b) Art. 19 de la loi du 21 brumaire an V.

(c) Art. 19 de la loi du 12 mai 1793.

(d) Art. 2 du 21 brumaire an V.

(e) Art. 2 de la loi du 4 frimaire an IV.

(f) Art. 12 de la loi du 21 brumaire an V.

(g) Art. 2 de la loi du 21 brumaire an V.

(h) Art. 13 de la loi du 21 brumaire an V.

(i) Art. 11 de la loi du 21 brumaire an V.

(j) Art. 5 de la loi du 12 mai 1793.

(k) Art. 2 de la loi du 21 brumaire an V.

(l) Art. 5 de la loi du 21 brumaire an V.

un général en chef, pour crimes ou délits autres que celui de prévarication, abus de pouvoir , ou de contravention aux instructions qu'il a reçues, le conseil de guerre permanent sera composé d'un général en chef, de trois généraux de division, de trois généraux de brigade, d'un commissaire ordonnateur faisant fonction de procureur-général, et d'un colonel-rapporteur (a).

136. Si le conseil de guerre permanent est chargé de juger un général de division ou un général de brigade, il prendra à la place du lieutenant , du sous-lieutenant et du sous-officier , trois officiers-généraux du grade du prévenu. Le rapporteur sera toujours un chef de bataillon ou d'escadron (b).

137. Lorsqu'un colonel, un lieutenant-colonel , un chef de bataillon ou d'escadron sera traduit à un

conseil de guerre, le sous-lieutenant et le sous-officier seront remplacés par des officiers supérieurs du grade du prévenu. Le conseil sera présidé par le plus ancien du grade le plus élevé (c).

138. Le conseil de guerre permanent chargé de juger un commissaire ordonnateur prendra à la place du lieutenant , du sous-lieutenant et du sous-officier, un ordonnateur et deux commissaires des guerres. Le conseil sera présidé par un général de brigade (d).

139. S'il s'agit d'un commissaire des guerres , les trois juges du grade inférieur seront remplacés par deux commissaires des guerres de première classe et un de deuxième classe (e).

140. S'il s'agit de juger un inspecteur en chef aux revues, le conseil de guerre

(a) Art. 2 de la loi du 4 fructidor an V.
(b) Art. 10 de la loi du 4 fructidor an V.

(c) Décret du 3 nov. 1807.
(d) Art. 14 de la loi du 4 fructidor an V.
(e) Art. 14 de la loi du 4 fructidor an V.

permanent sera composé d'un général de division, président; de deux inspecteurs aux revues, dont un en chef; de deux généraux de brigade et de deux colonels (*a*).

141. Pour l'inspecteur aux revues, le conseil est formé d'un général de brigade, président; d'un inspecteur et d'un sous-inspecteur aux revues; de deux colonels et deux chefs de bataillon ou d'escadron (*b*).

142. Pour le sous-inspecteur aux revues, le conseil est présidé par un général de brigade, de deux sous-inspecteurs aux revues, de deux colonels et de deux chefs de bataillon ou d'escadron (*c*).

143. Les fonctions de rapporteur seront remplies par un colonel (*d*).

(*a*) Acte du gouvernem. du 19 germinal an X.
(*b*) Acte du gouvernem. du 19 germinal an X.
(*c*) Acte du gouvernem. du 19 germinal an X.
(*d*) Acte du gouvernem. du 19 germinal an X.

144. Ne seront traduits devant les conseils de guerre que les militaires et les individus attachés à l'armée ou à sa suite (*e*).

145. Les individus attachés à l'armée ou à sa suite sont les employés aux charrois, aux vivres, bagages, dans les marchés, camps et cantonnemens, les gardes-magasins d'artillerie, ceux des vivres et fourrages, les préposés aux administrations pour le service des troupes, les secrétaires des états-majors (*f*).

146. Sont également passibles des tribunaux militaires, les agens du trésor public près les armées, les commissaires des guerres, les inspecteurs aux revues, les préposés à la levée des contributions militaires, les médecins, chirurgiens, infirmiers des hôpitaux militaires, les vivandières et munitionnaires de l'armée (*g*).

(*e*) Art. 9 de la loi du 13 brumaire an V.
(*f*) Art. 10 de la loi du 13 brumaire an V.
(*g*) *Ibid.*

deux ans de prison (*a*).

64. L'enlèvement des chevaux ou d'un cheval et la distraction d'habillement, entraînent cinq ans de fer ; s'il y a des circonstances atténuantes, la peine pourra être réduite de trois à cinq ans de prison (*b*).

65. Le munitionnaire auteur de distraction d'objets de service, sera condamné à cinq ans de fer (*c*).

66. La peine qui précède sera également infligée au garde-magasin, auteur de soustraction d'objets de service (*d*).

67. L'officier, sous-officier ou soldat, qui distribuera de la viande corrompue, subira trois ans de prison (*e*).

68. La distribution de viande dont le débit est prohibé, entraîne contre son auteur trois ans de fer (*f*).

69. Celui qui induement se sera fait remettre un double traitement, sera destitué et condamné à l'amende (*g*).

70. Tout auteur d'embauchage sera puni de mort (*h*).

71. L'enclouûre du canon sans ordre entraîne également la peine de mort (*i*).

72. Celui qui, faisant partie d'un corps militaire, contractera un second enrôlement, sera condamné à cinq ans de fer (*j*).

73. Tout individu qui, par violence, enlevera ou tentera d'enlever un déte-

(*a*) Art. 3 de la loi du 15 juillet 1829.

(*b*) Art. 1er de la loi du 3 floréal an II et art 1er de la loi du 15 juillet 1829.

(*c*) Art. 4 de la loi du 21 brumaire an V.

(*d*) Art. 3 de la loi du 21 brumaire an V.

(*e*) Art. 9 de la loi du 21 brumaire an V.

(*f*) Art. 8 de la loi du 21 brumaire an V.

(*g*) Art. 3 de la loi du 26 frimaire an II.

(*h*) Art. 1er de la loi du 21 brumaire an V.

(*i*) Art. 2 de la loi du 21 brumaire an V.

(*j*) Art. 7 de la loi du 12 mai 1793.

Maisons de détention militaires.

LIEUX	DIVISIONS militaires.	DÉPARTEMENS
Limoges	15	Haute-Vienne.
Lille.	16	Nord.
Tour–St-Pierre (Lille) .	»	Id.
Citadelle (Lille).	»	Id.
Cambrai.	»	Id.
Douai.	»	Id.
Quesnoy	»	Id.
Bergues	»	Id.
Boulogne.	»	Pas-de-Calais.
St.-Omer	»	Id.
Bastia.	17	Corse.
Ajaccio	»	Id.
Dijon	18	Côte-d'Or.
Clairvaux.	»	Aube.
Clermont	19	Puy-de-Dôme.
Périgueux	20	Dordogne.

grave, le conseil de guerre refusera de connaître.

165. Tout crime ou délit non prévu par les lois militaires, sera du ressort des cours et tribunaux ordinaires, et si les conseils de guerre se déclarent compétens, ils devront appliquer les peines prévues par le code pénal ordinaire (a).

166. Les officiers dont les torts seraient de nature à motiver la réforme, seront mis en non activité par retrait d'emploi (b).

167. Lorsqu'un commandant supérieur demandera la mise en non activité d'un officier, il devra exposer non seulement les torts, mais donner son opinion, si l'officier inculpé doit être supendu de son emploi ou lui être retiré.

168. Le maréchal de camp commandant la brigade ou la subdivision, et le lieutenant général commandant la division dans lesquelles se trouverait le corps de l'officier inculpé, seront tenus, en transmettant au ministre de la guerre la demande, de l'accompagner de leur opinion écrite et signée.

169. L'officier qui par retrait d'emploi, se trouvera en non activité; reste dans cette position jusqu'à ce que les besoins du service permettent son rappel à l'activité, ou jusqu'à son admission à la retraite.

170. Les officiers renvoyés aux conseils d'enquête et suspendus pendant un an, à l'égard desquels le roi n'a pas encore prononcé, pourront seuls être mis en non activité par suspension, les autres seront mis en non activité par retrait d'emploi.

171. Le soldat dont la conduite portera le trouble et le mauvais exemple dans le régiment, sera passible des conseils de discipline (c).

172. Le commandant

(a) Décrets des 1er mai et 22 septembre 1812.
(b) Décision royale du 18 septembre 1834.

(c) Art. 514 de l'ordonnance du 29 oct. 1833.

pourvoi en révision, ne peut être admis au conseil de révision (a).

156. Aucun militaire ne peut faire partie du conseil de révision, s'il n'a trente ans accomplis, trois campagnes ou six ans de service (b).

157. Les membres du conseil de révision s'assembleront sur la convocation du président, au jour, à l'heure, au local qu'il désignera.

158. Toute décision prise par le conseil de révision sera motivée.

159. Comme dans les conseils de güerre permanens, le conseil de révision ne peut siéger légalement, sans que le président n'ait fait déposer sur le bureau un exemplaire des lois.

160. Tout tribunal militaire ne pourra connaître d'un crime ou d'un délit s'il y a prescription.

161. Les crimes militaires qui n'auront pas été dénoncés et poursuivis dans l'espace de dix ans, à compter du jour qu'ils auront été commis, ou dont la poursuite, après avoir été commencée, aura été suspendue pendant le même espace de temps, seront prescrits et ne pourront plus être l'objet ni d'aucune plainte, ni d'aucun jugement (c).

162. La prescription ne coure jamais pour le crime de désertion.

163. Les délits militaires non dénoncés et non poursuivis dans l'espace de trois années, à compter du jour qu'ils auront été commis, et dont la poursuite aura été suspendue pendant le même espace de temps, seront prescrits et ne pourront plus être poursuivis (d).

164. Si le crime ou délit est amnistié, ou si l'accusé est sous la prévention d'un crime ou délit plus

(a) Art. 24 et 25 de la loi du 18 vendémiaire an VI.

(b) Art. 24 et 25 de la loi du 18 vendémiaire an VI.

(c) Décret du 29 oct. 1790 et loi du 22 sept. 1790.

(d) Art. 638 du code d'instruction criminelle.

Maisons de détention militaires.

LIEUX	DIVISIONS militaires	DÉPARTEMENS
Nancy	3	Meurthe.
Phalsbourg.	«	Id.
Toul	»	Id.
Tours	4	Indre-et-Loire.
Strasbourg	5	Bas-Rhin.
Pont-Couvert.	»	Id.
Lauterbourg	»	Id.
Neufbrisach.	»	Haut-Rhin.
Besançon.	6	Doubs.
Grenoble	7	Isère.
Lyon	»	Rhône.
Crest.	»	Drôme.
Marseille	8	Bouches-du-Rhône.
Tarascon.	»	Id.
Toulon.	»	Var.
Montpellier.	9	Hérault.
Toulouse.	10	Haute-Garonne.
Montauban	»	Tarn-et-Garonne.
Bayonne	11	Basses-Pyrénées.
Bordeaux.	»	Gironde.
La Rochelle	12	Charente-Inférieure.
Nantes	»	Loire-Inférieure.
Brest.	13	Finistère.
Rennes.	»	Ille-et-Vilaine.
Vannes	»	Morbihan.
Rouen	14	Seine-Inférieure.
Le Hâvre.	»	Id.
Caen	»	Calvados.
St.-Lô.	»	Manche.
Mont-St.-Michel.	»	Id.
Bourges	15	Cher.

du régiment convoque par ordre du jour, le conseil de discipline, composé d'un chef de bataillon, président, des trois plus anciens capitaines et des trois plus anciens lieutenans du régiment, pris hors du bataillon de l'inculpé.

173. Dans un bataillon détaché, le conseil est convoqué sur la demande du chef de bataillon, par le maréchal de camp commandant sur les lieux. Il se compose du plus ancien capitaine, président; des deux plus anciens lieutenans et des deux plus anciens sous-lieutenans, pris hors de la compagnie du prévenu.

174. Le conseil doit siéger au quartier occupé par la troupe. Le chef et l'adjudant-major du bataillon, ainsi que le commandant de la compagnie de l'inculpé sont entendus.

175. Lorsque les chefs de l'inculpé se seront retirés: le prévenu présente sa défense et est reconduit à la prison.

176. Le conseil rédige ensuite son avis motivé et le transmet au colonel; si l'avis est favorable, l'inculpé est renvoyé à son corps.

177. Si l'avis est défavorable au soldat, le colonel l'adresse au maréchal de camp commandant la subdivision, avec son opinion particulière; il y joint le rapport du commandant de la compagnie et le relevé des punitions en double expédition y annexé.

178. Ces pièces seront envoyées au commandant de la division par le maréchal de camp, qui y joint son avis. Le commandant de la division prononce, et s'il y a lieu, fait diriger le militaire sur une des compagnies de discipline, qui lui a été désignée par le ministre de la guerre.

179. Si néanmoins le lieutenant-général juge que tous les moyens de répression n'ont pas été épuisés, il peut ne pas donner suite à l'avis du conseil de discipline, et infliger à l'inculpé une détention qui ne pourra excéder deux mois.

3.

hibé ou y aura participé, sera condamné à la prison (a).

97. Toute lâcheté commise en faction en présence de l'ennemi, est punie de mort (b).

98. Tout militaire, qui lâchement abandonnera ses armes dans une affaire, sera puni de trois ans de fer (c).

99. La livraison des magasins à l'ennemi est punie de mort (d).

100. Le soldat qui manquera à sa consigne près l'ennemi, sera condamné à deux ans de fer (e).

101. Le soldat coupable de maraude, sera condamné à l'exposition (f).

102. S'il y a récidive ou persistance dans la maraude, la peine s'élèvera à cinq ans de fer (g).

103. Si la maraude est commise par un officier, elle entraînera deux ans de prison (h).

104. Si l'officier se fait aider par ses subordonnés, la maraude ainsi facilitée, rend l'officier passible de dix ans de fer (i).

105. Si la maraude est faite par un officier y conduisant la troupe, elle entraîne la peine de mort (j).

106. La maraude commise par une troupe armée, est punie de huit ans de fer (k).

107. Si la maraude est tolérée par l'officier, il sera destitué et condamné à trois ans de prison (l).

(a) Art. 30 et 31 de la loi du 1er mars 1768.

(b) Art. 4 de la loi du 21 brumaire an V.

(c) Art. 7 de la loi du 21 brumaire an V.

(d) Art. 2 de la loi du 12 mai 1793.

(e) Art. 11 de la loi du 21 brumaire an V.

(f) Art. 1er de la loi du 21 brumaire an V.

(g) Art. 4 et 8 de la loi du 21 brumaire an V.

(h) Art. 11 de la loi du 21 brumaire an V.

(i) Art. 11 de la loi du 21 brumaire an V.

(j) Art. 11 de la loi du 21 brumaire an V.

(k) Art. 9 de la loi du 21 brumaire an V.

(l) Art. 10 de la loi du 21 brumaire an V.

108. Toute révolte, mutinerie des prisonniers de guerre, sera punie de mort (a).

109. Les préposés à la garde des vivres qui auront apporté de la négligence dans leur service, seront condamnés à six mois de prison (b).

110. Tout chef qui, s'étant aperçu de la disparution d'un homme, aura négligé de dénoncer le déserteur, sera condamné à dix jours d'arrêts (c).

111. L'officier de santé déserteur subira la même peine que tout autre officier (d).

112. Le pillage à main armée est puni de mort (e).

113. Tout fonctionnaire militaire qui aura reçu des présens, soit d'une ville, soit d'une commune, de fournisseurs ou de tout autre individu, sera condamné à la prison et à l'amende (f).

114. Toute provocation à la désertion, par un particulier, entraînera neuf ans de détention (g).

115. Tout militaire qui, sans l'avis du conseil, aura rendu une place, sans qu'on y ait fait brèche ou assaut, sera puni de mort (h).

116. Tout soldat requis de prêter main-forte à qui de droit et qui refuse, est passible de l'emprisonnement.

117. Tout refus formel de marcher à l'ennemi est puni de mort (i).

118. Tous officiers et sous-officiers qui refuseraient de siéger aux tribunaux militaires, seraient

(a) Art. 3 de la loi du 17 frimaire an XIV.

(b) Art. 3 de la loi du 21 brumaire an V.

(c) Art. 1er de la loi du 14 octobre 1811.

(d) Art. 1er de la loi du 4 brumaire an IV.

(e) Art. 1er de la loi du 21 brumaire an V.

(f) Art. 60 de la loi du 8 fructidor an XIII.

(g) Art. 4 de la loi du 4 nivose an IV.

(h) Art. 5 de la loi du 1er mai 1812.

(i) Art. 9 de la loi du 21 brumaire an V.

Ateliers de boulet et de travaux publics (a).

LIEUX.	DÉPARTEMENS	DIVISIONS militaires.	NATURE de l'atelier.
Isle d'Aix	Charente-Infér. .	12e	Boulet.
Belle-Ile-en-Mer.	Morbihan	13e	Boulet.
Belle-Croix . . .	Charente-Infér. .	12e	Travaux publ.
Belle-Ile-en-Mer.	Morbihan	13e	Id.
Alger	Afrique	15e	Id.
Fort de Mers-el-Kebir.	Afrique	15e	Id.

Maisons de détention militaires (b).

LIEUX	DIVISIONS militaires.	DÉPARTEMENS
Abbaye (Paris)	1	Seine.
St.-Germain	»	Id.
Châlons.	2	Marne.
Mézières	»	Ardennes.
Charlemont.	»	Id.
Verdun.	»	Meuse.
Montmédy	»	Id.
Metz	3	Moselle.
Thionville	»	Id.
Bitche	»	Id.
Longwy	»	Id.

(*b*) Décret du 19 vendémiaire an XII.
(*a*) Décret du 19 vendémiaire an XII.

TABLEAU

des peines infligées par les officiers,
sous-officiers et caporaux,
aux militaires qu'ils commandent.

jor, qui ne peut refuser, sans en rendre compte immédiatement au maréchal de camp (*a*).

120. Les adjudans-majors, en ce qui concerne leur service spécial, ne peuvent être punis que par les officiers supérieurs.

121. Pour ce qui est étranger à leur service, les adjudans-majors et les officiers comptables peuvent être punis par tout officier d'un grade supérieur au leur (*b*).

122. Le chirurgien-major ne peut être puni que par le colonel ou le lieutenant-colonel.

123. Les chirurgiens-aide-majors ne peuvent l'être que par les officiers supérieurs ou par le chirurgien-major (*c*).

124. Le chirurgien-major s'adressera au lieute-

(*a*) Art. 277 de l'ordonnance du 2 novembre 1833.

(*b*) Art. 275, 276 et 288 de l'ordonnance du 2 novembre 1833.

(*c*) Art. 275 et 276 de l'ordonnance du 2 novembre 1833.

nant-colonel lorsqu'il demandera une punition contre un lieutenant ou un sous-lieutenant.

125. Les chirurgiens peuvent ordonner la salle de police ou la consigne aux sous-officiers, caporaux et soldats, en rendant compte au lieutenant-colonel, qui fixe la durée de la peine (*d*).

126. Le commandant d'un régiment peut augmenter, diminuer, faire cesser la punition.

127. L'officier supérieur commandant le régiment par intérim, a les mêmes droits que le colonel (*e*).

128. Le capitaine commandant un bataillon a, pour infliger les punitions, le même droit qu'un chef de bataillon.

129. Le lieutenant ou sous-lieutenant, commandant par intérim une compagnie, a le droit d'infliger

(*d*) Ordonnance royale du 2 novembre 1833.

(*e*) Ordonnance royale du 2 novembre 1833.

les mêmes punitions que le capitaine (a).

130. Il existera dans chaque division territoriale, et dans chaque division active de l'armée, deux conseils de guerre permanens (b).

131. Outre ces deux conseils de guerre, il sera formé dans toute place investie ou assiégée, deux conseils de guerre et de révision , dont la durée cessera avec l'état de siége (c).

132. Lorsqu'il s'agira de juger un accusé , autre qu'un officier supérieur , un commissaire des guerres, un inspecteur ou sous-inspecteur aux revues, le conseil de guerre sera composé d'un colonel qui remplira les fonctions d'un président, d'un chef de bataillon ou d'un chef d'escadron , de deux capitaines, d'un lieutenant, d'un sous-lieutenant et d'un sous-officier (d).

133. Dans les villes où il ne se trouve pas un nombre suffisant d'officiers supérieurs, pour la formation des conseils de guerre permanens, on peut mettre pour les compléter à la place du colonel, un officier supérieur, et à la place de chaque officier supérieur manquant, un capitaine (c).

134. Dans les divisions militaires de l'intérieur où il ne se trouve pas au chef-lieu un nombre suffisant d'officiers du grade prescrit par les lois, on peut, pour compléter les conseils de guerre et de révision, mettre à la place de chaque officier manquant, un officier de tout autre grade inférieur, pourvu qu'il ait au moins celui de sous-lieutenant (f).

135. S'il s'agit de juger

(a) Art. 276 et 288 de l'ordonnance du 2 nov. 1833.

(b) Art. 19 de la loi du 18 vendémiaire an VI.

(c) Loi du 11 frim. an VI,

(d) Art. 2 de la loi du 13 brumaire an V.

(e) Décret du 17 frimaire an XIV.

(f) Art. 1er du décret du 16 février 1807.

même circonstance, dépouillera un vivant, sera condamné à dix ans de fer (*a*).

32. Si le dépouillement est exercé par un vivandier, la peine sera double (*b*).

33. Toute mutilation et assassinat suivi de dépouillement entraîneront la peine de mort (*c*).

34. Tout jeune soldat convaincu d'insoumission sera condamné d'un mois à un an de prison (*d*).

35. Tout individu qui aura recélé ou pris à son service un insoumis, sera puni d'un emprisonnement qui ne pourra excéder six mois ou d'une amende de 20 à 200 fr. (*e*).

36. Celui qui aura favorisé l'évasion d'un insoumis sera puni d'un em-

prisonnement d'un mois à un an (*f*).

37. Si le recéleur est employé par le gouvernement, il pourra être condamné à deux ans de prison et à 2,000 fr. d'amende (*g*).

38. Les conscrits qui, se mutilant, se seront rendus impropres au service, seront condamnés à un emprisonnement d'un mois à un an, et seront, à l'expiration de leur peine, à la disposition du ministre de la guerre.

39. Les complices du délit ci-dessus mentionné sont passibles de la même peine. S'ils sont médecins, officiers de santé, pharmaciens, l'emprisonnement sera double, et ils seront en outre condamnés à une amende de 200 fr. à 1,000 francs.

40. Tout complice d'engagement frauduleux sera condamné à un emprison-

(*a*) Art. 6 de la loi du 21 brumaire an V.

(*b*) Art. 5 et 6 de la loi du 21 brumaire an V.

(*c*) Art. 7 de la loi du 21 brumaire an V.

(*d*) Loi du 21 mars 1832.

(*e*) Art. 40 de la loi du 21 mars 1832.

(*f*) Art. 40 de la loi du 21 mars 1832.

(*g*) Art. 40 de la loi du 21 mars 1832.

les lois spéciales militaires (a).

150. L'officier poursuivi pour dettes ou dont la conduite serait notoirement déréglée ou scandaleuse, sera mis en non activité par retrait d'emploi (b).

151. L'officier en non activité par retrait d'emploi ne sera point remplacé pendant un an ; si, à l'expiration de l'année, il n'a pas été remis en possession de son emploi, il sera pourvu à son remplacement.

152. Tout officier ou soldat, membre de la Légion-d'Honneur, condamné à une peine infamante, sera préalablement dégradé (c).

153. Le colonel et l'officier supérieur commandant au régiment peuvent

infliger à tous les officiers : la réprimande, trente jours d'arrêts simples, la mention à l'ordre, quinze jours de prison (d).

154. Le lieutenant-colonel, le chef de bataillon, l'officier commandant un détachement, le capitaine dans sa compagnie, et tout officier commandant de compagnie peuvent infliger quinze jours d'arrêts simples (e).

155. Le capitaine hors de sa compagnie et l'adjudant-major peuvent infliger huit jours d'arrêts simples (f).

156. Le lieutenant ne peut infliger que quatre jours d'arrêts simples (g).

(a) Art. 18 de la loi du 3 pluviose an II, art. 10 du décret du 1er mai 1812.

(b) Loi du 19 mai 1834, décision royale du 18 novembre 1834.

(c) Art. 5 et 6 du 24 ventose an XII.

(d) Ordonnance royale du 2 novembre 1833.

(e) Art. 268 et 269 de l'ordonnance du 2 novembre 1833.

(f) Art. 268 et 269 de l'ordonnance du 2 novembre 1833.

(g) Art. 268 et 269 de l'ordonnance du 2 novembre 1833.

désertion à l'étranger, le coupable sera condamné à mort (a).

53. Le déserteur qui aura été amnistié et qui désertera de nouveau, sera condamné à dix ans de boulet (b).

54. Si la désertion a lieu après grâce, le coupable sera puni de mort (c).

55. Subira la même peine qui précède, le déserteur qui emportera ses armes à feu (d).

56. La désertion des travaux publics entraîne la condamnation à dix ans de boulet (e).

57. Tout chef de complot qui désertera, soit à l'intérieur, soit à l'étranger, sera puni de mort (f).

58. Tout soldat en faction qui, devant l'ennemi, désertera, subira la même peine que celle qui précède (g).

59. Toute désobéissance préméditée, combinée, entraînera la peine de mort (h).

60. Si la désobéissance est préméditée, combinée par les habitans d'un pays ennemi, elle est punie de mort (i).

61. La désobéissance de chef de troupe entraîne dix ans de fer (j).

62. Toute désobéissance en face l'ennemi entraîne la peine de mort (k).

63. Le détournement des effets d'armement, d'équipement ou d'habillement confiés pour le service, sera puni de six mois à

(a) Art. 67 de la loi du 19 vendémiaire an XII.

(b) Art. 9 de la loi du 20 juin 1807.

(c) Art. 1er de la loi du 23 novembre 1811.

(d) Art. 1er de la loi du 22 ventose an XII.

(e) Art. 69 de la loi du 19 vendémiaire an XII.

(f) Art. 67 de la loi du 19 vendémiaire an XII.

(g) Art. 67 de la loi du 16 vendémiaire an XII.

(h) Art. 3 de la loi du 21 brumaire an V.

(i) Art. 4 de la loi du 21 brumaire an V.

(j) Art. 6 et 8 de la loi du 21 brumaire an V.

(k) Art. 9 de la loi du 21 brumaire an V.

nement de trois mois à deux ans. Les docteurs, officiers de santé qui auront prévariqué en matière de recrutement, seront punis de deux mois à un an de prison.

41. Tout soldat déserteur à l'intérieur sera condamné à trois ans de travaux publics (*a*).

42. S'il était d'un service quelconque, cinq ans.

43. S'il y a récidive, la peine sera de dix ans de boulet (*b*).

44. Tout déserteur à l'armée ou d'une place de première ligne, sera condamné à cinq ans de travaux publics (*c*).

45. Tout remplaçant qui désertera sera condamné à cinq ans de boulet (*d*).

46. Tout militaire qui aura déserté étant de service ou par dessus les rem-

parts, sera condamné à cinq ans de travaux publics (*e*).

47. Si au moment de la désertion, le soldat emporte les effets de l'Etat ou du corps, il est condamné à cinq ans de travaux publics (*f*).

48. S'il emporte les effets de ses camarades, la condamnation est de dix ans de boulet (*g*).

49. Si la désertion à l'intérieur n'est pas individuelle, elle entraîne cinq ans de travaux publics (*h*).

50. Si le déserteur passe à l'ennemi, il est condamné à mort (*i*).

51. S'il passe en pays étranger, la peine est de dix ans de boulet (*j*).

52. S'il y a récidive de

(*e*) Art. 72 de la loi du 19 vendémiaire an XII.

(*f*) Art. 72 de la loi du 19 vendémiaire an XII.

(*g*) Art. 69 de la loi du 19 vendémiaire an XII.

(*h*) Art. 72 de la loi du 19 vendémiaire an XII.

(*i*) Art. 67 de la loi du 19 vendémiaire an XII.

(*j*) Art. 69 de la loi du 19 vendémiaire an XII.

(*a*) Art. 72 de la loi du 19 vendémiaire an XII.

(*b*) Art. 69 de la loi du 19 vendémiaire an XII.

(*c*) Art. 72 de la loi du 19 vendémiaire an XII.

(*d*) Art. 58 de la loi du 8 fructidor an XIII.

pline aux condamnés au boulet.

144. Tout condamné au boulet qui se rendra coupable d'un délit ou d'un crime sera jugé par le conseil de guerre permanent, et pourra, selon les circonstances, être condamné à mort ou à une plus longue détention (a).

145. Tout militaire condamné soit à la détention, soit à la réclusion, sera, pendant tout le temps qu'il subira sa peine, passible d'un conseil de guerre permanent (b).

146. La condamnation au boulet ne sera jamais moindre de dix ans. Cette peine sera augmentée de deux ans pour chacune des circonstances qui suivent : si la désertion n'a pas été individuelle ; si le déserteur était de service au moment de la désertion ; s'il a escaladé les remparts ; s'il a déserté d'une place de première ligne (c).

147. Si le déserteur a emporté son arme ou ses armes blanches, la durée de la peine du boulet sera augmentée d'une année (d).

148. La peine des travaux publics, qui est toujours de trois ans, sera augmentée de deux ans pour la désertion ; si elle n'a pas été individuelle, si le déserteur était de service ou s'il a escaladé les remparts ; s'il a déserté d'une place de première ligne ; s'il a emporté les effets fournis par le corps ou l'état (e).

149. Les tribunaux criminels et les tribunaux correctionnels appliqueront les peines prévues et punies par le code pénal ordinaire, dans les cas où le crime ou le délit n'auraient point été prévus par

(a) Art. 51 du 19 vendémiaire an XII.

(b) Arrêt de la Cour de cassation du 3 mars 1831.

(c) Art. 70 de l'arrêté du 19 vendémiaire an XII.

(d) Art. 8 de la loi du 15 juillet 1829.

(e) Art. 72 de l'arrêté du 19 vendémiaire an XII.

147. Les secrétaires de commandans de place de guerre , les portiers-consignes des plans de guerre , les concierges des prisons militaires, anciens militaires recevant leur commission du ministre de la guerre, sont justiciables des conseils de guerre (a).

148. Le conseil de révision est appelé à infirmer ou à confirmer les jugemens prononcés par les conseils de guerre , quand le pourvoi en révision a été légalement formé par le commissaire du roi ou par le condamné.

149. Les membres du conseil de révision sont soumis aux mêmes conditions que les membres des conseils de guerre permanens (b).

150. Le conseil de révision sera composé de cinq membres, savoir : un officier général, président ; un colonel, un chef de bataillon ou d'escadron , deux capitaines et un greffier (c).

151. Le rapporteur sera pris parmi les membres du conseil de révision et choisi par eux (d).

152. Le commissaire du roi doit être un intendant militaire ou un sous-intendant de première classe.

153. Chaque membre de ce conseil sera choisi par les commandans en chef des divisions dans leur commandement respectif (e).

154. Si le nombre d'officiers en activité est insuffisant pour composer ce conseil, on y suppléera en prenant des officiers retraités ayant les grades correspondans (f).

155. Le commandant en chef qui a nommé les membres du conseil de guerre qui a rendu le jugement pour lequel il y a

(a) Acte du gouvernem. du 15 nivose an V.
(b) Art. 7 et 8 de la loi du 13 brumaire an V.
(c) Art. 1er et 5 du 18 vendémiaire an VI.
(d) Art. 7 et 8 du 18 vendémiaire an VI.
(e) Art. 11 et 12 du 18 vendémiaire an VI.
(f) Art. 24 et 25 de la loi du 18 vendémiaire an VI.

nu, sera condamné à la détention (*a*).

74. Celui qui aura servi d'entremetteur pour livrer ou acheter des armes, sera condamné à l'amende et à la prison (*b*).

75. L'espionnage, qu'il soit commis par un regnicole ou par un étranger, est puni de mort (*c*).

76. Tout étranger levant un plan en temps de guerre, est puni de mort (*d*).

77. Le militaire auteur ou complice de l'évasion des prisonniers de guerre, sera condamné à l'emprisonnement (*e*).

78. Celui qui fera de faux certificats ou fera usage d'un passeport fabriqué, sera puni d'un emprisonnement d'une année au moins et de cinq ans au plus (*f*).

79. La falsification de congé est punie de cinq ans de fer (*g*).

80. L'auteur d'une fausse consigne compromettant le poste, subira la peine de mort (*h*).

81. La falsification dans les farines sera punie de cinq ans de fer ; même peine pour la falsification de feuille de route (*i*).

82. Tout fauteur de désertion sera condamné à un an de prison (*j*).

83. Tout militaire auteur de fraude chez un habitant sera condamné à trois mois de prison.

84. Si la fraude a été commise avec menaces, la peine d'emprisonnement sera portée à six mois.

(*a*) Art. 241 du code pénal ordinaire.

(*b*) Art. 5 de la loi du 28 mars 1793.

(*c*) Art. 2 de la loi du 21 brumaire an V.

(*d*) Art. 3 de la loi du 21 brumaire an V.

(*e*) Art. 2 la loi du 4 août 1811.

(*f*) Art. 153 du code pénal ordinaire.

(*g*) Art. 19 de la loi du 12 mai 1793.

(*h*) Art. 2 de la loi du 21 brumaire an V.

(*i*) Art. 5 de la loi du 21 brumaire an V.

(*j*) Art. 4 de la loi du 24 brumaire an VI.

85. Si, pour commettre la fraude, le coupable a exercé des voies de faits, il sera condamné à deux ans de fer (*a*).

86. La mise d'effets ou armes en gages, sera punie de deux mois à un an de prison ; s'il y a récidive, la peine peut être portée à cinq ans de fer (*b*).

Sera puni de la même peine, tout militaire qui aura reçu en gage lesdits effets.

87. Tout incendiaire sans ordre sera puni de mort (*c*).

88. L'incendie des caissons pour signal à l'ennemi est puni de mort (*d*).

89. Tout militaire convaincu d'infidélité dans le poids des rations, sera condamné à deux ans de fer (*e*).

90. Si cette infidélité a lieu dans les états de troupe, la peine sera portée à cinq ans de fer (*f*).

91. L'homme qui, en s'engageant ou en remplaçant se fait inscrire sous un faux nom, est passible de cinq ans de fer (*g*).

92. L'insulte proférée contre une sentinelle est punie de deux ans de prison.

93. Si, à l'insulte contre la sentinelle, l'inculpé joint la voie de fait, il est puni de mort.

94. L'insulte ou la menace, par le subordonné, avec propos ou geste, est punie de cinq ans de fer (*h*).

95. L'insulte ou la menace, commise par le subordonné, avec voie de fait, est punie de mort (*i*).

96. Tout individu qui sera l'auteur d'un jeu pro-

(*a*) Art. 17 de la loi du 12 mai 1793.

(*b*) Art. 13 de la loi du 12 mai 1793 et art. 4 de la loi du 15 juillet 1829.

(*c*) Art. 3 de la loi du 21 brumaire an V.

(*d*) Art. 1er de la loi du 27 juillet 1793.

(*e*) Art. 9 de la loi du 21 brumaire an V.

(*f*) Art. 2 de la loi du 21 brumaire an V.

(*g*) Art. 18 de la loi du 12 mai 1793.

(*h*) Art. 15 de la loi du 21 brumaire an V.

(*i*) Art. 15 de la loi du 21 brumaire an V.

180. Sont réputées fautes contre la discipline et punies comme telles : de la part du supérieur, tous propos injurieux, toutes voies de fait envers un subordonné, toute punition injustement infligée (a).

181. De la part de l'inférieur, tout murmure, défaut d'obéissance, quelque raison qu'il croit avoir de se plaindre; l'infraction des punitions, l'ivresse, le dérangement de conduite, les dettes, les querelles entre militaires ou avec des citoyens ; le manque aux appels, à l'instruction, aux différens services ; enfin toute faute contre le devoir militaire, provenant de négligence, de paresse et de mauvaise volonté (b).

182. Le supérieur évitera de se commettre avec un homme en état d'ivresse; il cherchera à faire rentrer dans l'ordre le militaire ivre, par l'entremise d'un de ses camarades.

(a) Art. 265 de l'ordonnance du 2 nov. 1855.

(b) Art. 265 de l'ordonnance du 2 nov. 1833.

*ciers et caporaux aux militaires qu'ils commandent
de l'ordonnance du 2 novembre 1833.)*

simples soldats seulement d'une ou plusieurs corvées, et d'un
dans l'entretien de leurs effets ou armes. *(Art. 284, paragra-*

FICIERS 280.		AUX CAPORAUX ART. 285.					AUX SOLDATS ART. 285.				
Salle de police.	Prison.	La consigne.	La salle de police	La prison.	Le cachot.	Privation de porter le sabre.	La consigne.	La salle de police	La prison.	Le cachot.	Privation de porter le sabre.
30	15	»	30	15	4	60	»	»	15	4	90
15	8	30	15	8	»	30	30	30	8	»	60
8	4	15	8	4	»	15	30	15	4	»	30
15	8	30	15	8	»	30	30	30	8	»	60
4	»	8	4	»	»	8	15	8	»	»	15
4	»	8	4	»	»	8	15	8	»	»	15
2	»	8	4	»	»	8	15	8	»	»	15
4	»	8	4	»	»	8	15	8	»	»	15
»	»	4	2	»	»	»	8	4	»	»	»
»	»	»	»	»	»	»	4	4	»	»	»

suspendre les sous-officiers et caporaux de son régiment. — Le
leur peine dans la prison de la place.

condamnés à la destitu-
tion et à l'emprisonne-
ment (*a*).

119. Les commandans,
officiers, chefs de poste,
qui se feront remplacer
sans y être autorisés, seront destitués (*b*). ·

120. La résistance faite
par les prisonniers de
guerre entraîne la peine
de mort (*c*).

121. Celui qui, inten-
tionnellement aura retardé
le service des charrois, sera condamné à trois ans
de fer (*d*).

122. Le militaire qui
fera à l'ennemi la révéla-
tion du mot d'ordre, sera
puni de mort (*e*).

123. La sentinelle qui
sera trouvé endormie é-
tant en faction près l'ennemi, sera condamnée à

deux ans de fer (*f*).

124. La substitution de
nom sur un congé sera pu-
nie de cinq ans de fer (*g*).

125. La trahison est tou-
jours punie de mort (*h*).

126. L'officier, sous-of-
ficier ou soldat, qui pren-
drait momentanément les
habits inférieurs ou supérieurs à leurs grades et opé-
rerait un travestissement
en changeant d'uniforme,
serait passible des peines
de discipline (*i*).

127. Celui qui fera usa-
ge du congé d'un autre sera
condamné à cinq ans de
fer (*j*).

128. Le préposé à la
garde des fourrages, qui
les vendrait à son profit
au préjudice de l'état, sera
condamné à six ans de fer (*k*)

(*f*) Art. 10 de la loi du 21
brumaire an V.

(*g*) Art. 19 de la loi du 12
mai 1793.

(*h*) Art. 1er de la loi du 21
brumaire an V.

(*i*) Art. 60 de la loi du 10
juillet 1791.

(*j*) Art. 19 de la loi du 12
mai 1793.

(*k*) Art. 3 de la loi du 12
mai 1793.

(*a*) Art. 6 de la loi du 13
brumaire an V.

(*b*) Art. 59 de la loi du 8
fructidor an XIII.

(*c*) Art. 3 de la loi du 17
frimaire an XIV.

(*d*) Art. 9 de la loi du 12
mai 1793.

(*e*) Art. 2 de la loi du 21
brumaire an V.

129. Celui qui vendra les rations de fourrage sera puni d'une année d'emprisonnement (a).

130. Le crime de viol est puni de huit ans de fer (b).

131. Si le crime de viol est commis sur une fille âgée de moins de quatorze ans, la peine s'élève à douze ans de fer (c).

132. Si la mort suit le viol, le coupaple sera condamné à mort (d).

133. Le militaire qui violera la consigne générale sera condamné à dix ans de fer (e).

134. Le vol commis par un militaire chez son hôte, entraîne dix ans de fer (f).

135. Si le vol est com-

(a) Art. 12 de la loi du 12 mai 1793.

(b) Art. 4 de la loi du 21 brumaire an V.

(c) Art. 4 de la loi du 21 brumaire an V.

(d) Art. 4 de la loi du 21 brumaire an V.

(e) Art. 13 de la loi du 21 brumaire an V.

(f) Art. 16 de la loi du 12 mai 1793.

mis par un militaire sur ses camarades, la condamnation est de six ans de fer. S'il y a des circonstances atténuantes, la peine est réduite de un à cinq ans de prison (g).

(g) Art. 12 de la loi du 12 mai 1793 et de la loi du 15 juillet 1829.

Un canonnier du 5e régiment d'artillerie en garnison à Vincennes, jugé par le deuxième conseil de guerre pour vol d'argent au préjudice d'une cantinière, fut condamné à six mois de prison par application de l'art. 401 du code pénal ordinaire, modifié par l'art. 463 du même code.

Appel du ministère public. M. le capitaine rapporteur Héquart pensa que la vivandière étant assimilée au militaire, le vol commis sur elle par un militaire devait être puni par la loi du 15 juillet 1829.

Le 1er avril 1847, M. le capitaine rapporteur près le conseil de révision posa en principe, que, d'après la loi du 30 avril 1793 et conformément aux art. 9 et 10 de la loi du 13 brumaire an V, les blanchisseuses et les vi-

quipemens ou armes sera puni de deux à cinq ans de travaux publics (*a*).

9. Celui qui amputera les traits des chevaux sera condamné à la peine de mort (*b*).

10. Celui qui commettra un assassinat sera condamné à mort (*c*).

11. La tentative d'assassinat est punie comme l'assassinat (*d*).

12. L'attentat à la liberté ou à la sûreté est puni de six mois de prison (*e*).

13. L'attentat à la liberté suivi de vol ou de voies de fait est puni de deux ans de fer (*f*).

14 Tous chef d'attrou-

pement sera condamné à mort (*g*).

15. Tout auteur de fabrication de faux bons sera condamné à cinq ans de fer (*h*).

16. Tout commandant, officier ou soldat qui aurait consenti une capitulation déshonorante sera condamné à mort (*i*).

17. Celui qui changera de consigne proche l'ennemi sera puni de six mois de prison (*j*).

18. Tout militaire pris en délit de chasse en congé ou au corps sera condamné correctionnellement (*k*).

19. L'appel à la révolte et les clameurs séditieuses sont punis de mort (*l*).

20. Tout commissaire

(*a*) Art. 5 de la loi du 28 mars 1793 et art. 3 de la loi du 15 juillet 1829.

(*b*) Art. 3 de la loi du 27 juillet 1793.

(*c*) Art. 18 de la loi du 12 mai 1793.

(*d*) Art. 4 de la loi du 21 brumaire an V.

(*e*) Art. 18 de la loi du 12 mai 1793.

(*f*) Art. 18 de la loi du 12 mai 1793.

(*g*) Art. 5 de la loi du 21 brumaire an V.

(*h*) Art. 5 de la loi du 12 mai 1793.

(*i*) Art. 5 de la loi du 1er mai 1812.

(*j*) Art. 12 du 21 brumaire an V.

(*k*) Art. 1er de la loi du 4 janvier 1806.

(*l*) Art. 2 de la loi du 21 brumaire an V.

ARMÉE NAVALE

CODE PÉNAL MARITIME

CODE PÉNAL

1. Tout militaire qui abandonnera son poste pour songer à sa propre sûreté, sera condamné à mort (*a*).

2. Celui qui quittera son poste pour se livrer au pillage sera condamné à cinq ans de fer (*b*).

3. Celui qui livrera les convois sera condamné à mort (*c*).

4. Tout soldat convaincu d'abattage et du débit d'animaux contagieux sera condamné à vingt ans de fer (*d*).

5. Celui qui sera absent à la générale sera condamné à un mois de prison (*e*).

Avec récidive, six mois de prison (*f*).

Avec seconde récidive, deux ans de fer (*g*).

6. Celui qui s'absentera avec simple récidive lorsqu'on marche à l'ennemi, sera condamné à deux ans de fer (*h*).

7. Le commissaire de guerre qui s'absentera illégalement sera destitué (*i*).

8. Celui qui achètera é-

(*a*) Art. 4 de la loi du 21 brumaire an V.

(*b*) Art. 4 de la loi du 12 mai 1793.

(*c*) Art. 3 de la loi du 27 juillet 1793.

(*d*) Art. 8 de la loi du 21 brumaire an V.

(*e*) Art. 1er de la loi du 21 brumaire an V.

(*f*) Art. 1er de la loi du 21 brumaire an V.

(*g*) Art. 1er de la loi du 21 brumaire an V.

(*h*) Art. 2 de la loi du 21 brumaire an V.

(*i*) Art. 23 de la loi du 12 mai 1793

136. Tout militaire convaincu du vol de la solde, de l'argent de l'ordinaire, des deniers appartenant à des militaires, de poudre ou d'autres munitions appartenant à l'Etat, sera condamné à cinq ans de fer. En cas de circonstances atténuantes, à un emprisonnement de trois à cinq ans (*a*).

137. Le vol commis en augmentant l'effectif de la troupe entraîne trois ans de fer (*b*).

vandières sont assimilées aux militaires et justiciables des conseils de guerre. La loi du 7 thermidor an VIII et l'arrêté du 19 pluviôse an IX, ainsi que l'ordonnance du 14 avril 1832 leur donnaient la même qualification ; mais le conseil de révision après avoir entendu M. le sous-intendant militaire Behagel, commissaire général du roi, et Me Cartelier avocat, a confirmé à l'unanimité le jugement du conseil de guerre.

(*a*) Art. 15 de la loi du 12 mai 1793 et art. 1er de la loi du 15 juillet 1829.

(*b*) Art. 1er de la loi du 21 brumaire an V.

138. Le vol des fournitures de caserne est puni également de trois ans de fer (*c*).

139. La voie de fait exercée envers le subordonné par le supérieur, est punie d'un an de prison (*d*).

140. Toute voie de fait ou blessure suivie de mort entraînera la peine de mort (*e*).

141. Si la voie de fait est commise par le subordonné sur son supérieur, le coupable sera condamné à mort (*f*).

142. Une détention double ou la condamnation à deux boulets sera infligée à celui qui, condamné au boulet s'évaderait (*g*.)

143. Le commandant de place infligera les peines de police et de disci-

(*c*) Art. 14 de la loi du 12 mai 1793.

(*d*) Art. 16 de la loi du 21 brumaire an V.

(*e*) Art. 16 de la loi du 21 brumaire an V.

(*f*) Art. 15 de la loi du 21 brumaire an V.

(*g*) Arrêté du 19 vendémiaire an XII.

CODE PÉNAL

ARMÉE NAVALE

CODE PÉNAL MARITIME

Depuis cent ans, la marine anglaise est régie par le même code (*a*) ; et il faut reconnaître que c'est surtout à la rigoureuse discipline de son armée navale que l'Angleterre doit sa prépondérance sur les mers. Un pareil code pourrait-il être appliqué à notre marine? Nous ne le pensons pas. En Angleterre, toutes les forces sont concentrées sur mer ; les nôtres tiennent

(*a*) An act for amending, explaining, and reducing into one act of parliament, the laws relating to the government of his majesty's ships, vessels, and forces by sea. (An act made in the 22 year of the reign of George the second. 1749.)

Loi pour améliorer, développer et réunir en une seule loi, les lois relatives à la discipline qui doit être observée à bord des vaisseaux, des bâtimens de guerre et des forces navales de S. M. (Loi passée dans la vingt-deuxième année du règne de Georges II. 1749.)

au sol. Pourtant, ce code de la marine anglaise, tout draconnier qu'il soit (*a*), doit non-seulement être consulté, mais doit servir de base, selon nous, à la rédaction du code pénal maritime sur lequel les chambres vont être appelées à délibérer.

On jugera du reste que nos lois faites sur l'armée navale, bien que les plus anciennes datent de 1790, ont le même esprit et souvent la même application que les lois anglaises ; il faut dire aussi que quelques modifications ont été faites au code anglais de 1749, sous Georges III, dans la dix-neuvième année de son règne, l'an 1779.

(*a*) M. Ch. Dupin dans son traité sur les forces navales de l'Angleterre, parlant des punitions infligées pour les moindres fautes, dit :

« Douze coups de fouet assénés sur un dos nu par un » quartier-maître, équivalent au moins à cinquante coups » appliqués par un tambour avec un fouet militaire. Cela ne » vient pas tant encore de la dextérité de l'exécuteur mariti- » me que de la plus grande épaisseur, dureté et sévérité de » l'instrument de supplice employé pour les marins. Les » fouets à neuf queues (lasheswith a cat-o-nine tails), sanglé » avec un fouet à neuf branches employés dans l'armée de » mer, sont d'un tel poids et d'une telle contexture, que » la force employée pour asséner un seul coup avec un de » ces fouets est égale à celle de quatre fouets employés » dans l'armée de terre. »

Ainsi, dans le code anglais de 1749, il était ordonné à tout membre d'une cour martiale de ne point quitter le vaisseau avant que le jugement ne soit prononcé, sous peine de destitution (*a*). On voit par ces modifications, qui sont bien antérieures à 1790, qu'il était permis aux législateurs français de puiser dans le code anglais de 1749 et celui de 1779.

Un autre article de la loi anglaise de 1749 fut (en partie) abrogé : c'était celui qui condamnait à mort toute personne à bord qui n'aurait pas pris part au combat (*b*) ou montrait quelque lâcheté, négligence, déloyauté. On modifia cet article comme

(*a*) Cette modification fut provoquée par le procès de l'amiral Keppel, qui dura trente-six jours, pendant toute la durée desquels les membres qui composaient la cour martiale, au nombre de treize, dont un amiral, deux vice-amiraux, deux contre-amiraux et huit capitaines de vaisseau, furent obligés de rester à bord du vaisseau, sur lequel cette cour martiale s'était assemblée.

(*b*) It is enacted and declared, that every person in the fleet, who through cowardice, negligence, or disaffection, shall, in time of action, or not come into the fight or engagement, convicted there of by the sentence of a court martial, shall suffer death.

Il est ordonné et déclaré que tout individu embarqué

le sont beaucoup d'articles de notre code pénal par l'art. 463 (*a*).

Ainsi, à part ces deux articles, dont l'un permet, en cas extraordinaire, aux membres qui composent la cour martiale d'aller à terre, et dont l'autre permet à la même cour martiale, en cas de circonstances atténuantes, d'infliger telle autre peine que la mort, le code anglais de 1749 est resté intact. C'est en grande partie à ce code que nos chambres législatives ont emprunté les lois de 1790, 91, de l'an XII, 1806, 1808, qui régissent notre marine. Aussi croyons-nous utile de donner la traduction des articles empruntés au code anglais, et de faire remarquer l'analogie qu'ils ont entre eux.

sur la flotte, qui, par lâcheté, négligence ou déloyauté dans le moment du combat se retirera, ou bien ne prendra pas part au combat ou à l'engagement et qui en sera convaincu par le jugement d'une cour martiale, sera condamné à mort.

(*a*) For the court martial to pronounce sentence of death, *or to inflict such other punishment as is nature and degree of the offence shall be found to deserve.*

La cour martiale prononcera la sentence de mort, *ou bien infligera toute autre peine que la nature et la gravité du crime paraîtront mériter.*

CODE PÉNAL MARITIME

Art. 1er. Toute faute contre la discipline commise par les officiers entraînera les arrêts, la prison, la suspension des fonctions pendant un mois au plus, avec ou sans privation de solde pendant le même temps (*a*).

2. Toute contravention à la discipline commise par le matelot entraînera le retranchement de vin, les arrêts, la privation de solde, les coups de corde, la bouline, la cale (*b*).

3. Sont considérées fautes contre la discipline : la désobéissance d'un officier à son supérieur; la désobéissance du matelot à tout supérieur ; l'ivresse, lorsqu'elle n'est point accompagnée de désordres ; les querelles entre les gens de l'équipage, lorsqu'il n'en résulte aucune plaie, et qu'on n'y a point fait usage d'armes ou de bâtons; toute absence du vaisseau, sans permission de celui qui doit la donner ; les feux allumés ou portés de terre à bord du vaisseau, aux postes où ils sont défendus ; toute infraction aux règles de police ; tout manque à l'appel, au quart, et en général toutes les fautes contre la discipline, le service du vaisseau, provenant de négligence ou de paresse (*c*).

(*a*) Décret de l'assemblée nationale des 16, 19, 21 août 1790.

(*b*) Décret de l'assemblée nationale des 16, 19, 21 août 1790.

(*c*) All flag officers, and all persons in, or belonging to his Majesty's ships or vessels of war, being guilty of cursings, execrations, drunkenness, uncleanness, or other scandalous actions,

4. Les délits ci-dessus énoncés seront toujours regardés comme plus graves lorsqu'ils auront lieu la nuit, et le temps de la punitition sera doublé.

5. Seront considérées peines afflictives et ne pourront être prononcées que par un *conseil de justice* ou *un conseil martial* les peines énoncées ci-après : les coups de corde au cabestan ; la prison ou les fers sur le pont pendant plus de trois jours ; les réductions de grade ; la cale ; la bouline ; les galères ; la mort.

6. Le matelot condamné à courir la bouline ne pourra être frappé que par trente hommes au plus et ne pourra l'être pendant plus de quatre courses.

7. L'homme condamné à la cale ne pourra être plongé plus de trois fois dans l'eau.

8. Le condamné à mort sera fusillé à bord, jusqu'à ce que mort s'ensuive.

9. Celui qui, sans l'ordre du capitaine, aura crié de se rendre ou d'amener le pavillon, sera condamné à trois ans de galères (a).

10. Tout condamné aux galères ne pourra plus être

in derogation of God's honour, and corruption of good manners, shall incur such punishment, as a court martial shall think fit to impose. Tous officiers et toutes personnes embarqués à bord d'un vaisseau ou bâtiment de guerre quelconque de S. M., coupables de juremens, d'imprécations, d'ivrognerie, d'impudicité, ou de toute autre action scandaleuse, contraires au respect qui est dû à Dieu et tendantes à la corruption des mœurs, subiront telle peine que la cour martiale jugera convenable de prononcer. (Code anglais 1749.)

(a) If any person in the fleet shall treacherously or cowardly yield or cry for quarter, every person so offending and being convicted here of by the sentence of à court martial, shall suffer death. Si quelqu'un dans la flotte, traîtreusement ou lâchement se rend ou bien demande à se rendre, s'il

employé sur les vaisseaux de l'Etat.

11. L'officier marinier condamné à la bouline ou à la cale sera cassé de son grade d'officier marinier et réduit à la basse paie des matelots. Tout matelot qui aura subi pareille condamnation sera réduit à la basse paie.

12. Quiconque tiendra des propos séditieux ou cherchera à affaiblir le respect dû à tout genre d'autorité qui s'exerce à bord du vaisseau ou de l'escadre, sera mis en prison ou aux fers, sur le pont, pendant six jours.

13. Tout projet concerté pour changer ou arrêter l'ordre du service ou pour s'opposer à l'exécution d'un ordre donné, sera mis à la queue de l'équipage ; s'il est officier, il sera renvoyé du service (a).

en est convaincu par jugement d'une cour martiale, il sera condamné à mort. (Code anglais 1749.)

(a) If any person in or

14. Tout officier marinier ou matelot coupable d'un complot contre la sûreté ou la liberté d'un officier de l'état-major sera condamné à trois ans de galères.

15. Tout matelot, officier marinier ou officier de l'état-major, coupable d'un complot contre la sûreté, la liberté ou l'autorité du commandant du vaisseau ou de tout autre officier occupant un poste supérieur, sera condamné aux galères perpétuelles (b).

belonging to the fleet, shall utter any words of sedition or mutiny, he shall suffer death, or such other punishment as a court martial shall deem him to deserve. Tout individu qui tiendra des propos séditieux ou tendant à l'insurrection, sera puni de mort ou de toute autre peine que la cour martiale jugera qu'il mérite.

(b) If any officer, mariner, or soldier, in or belonging to the fleet shall behave, him self with contempt to h s superior officer, such superior officer being in

16. Le coupable de trahison ou d'une intelligence perfide avec l'ennemi sera condamné à mort ; si quelque malheur public était la suite de la trahison, le coupable sera exécuté sur-le-champ à bord du vaisseau (a).

the execution, of his office, he shall be punished according to the nature of his offense by the judgment of à court martial. Tout officier, marin ou soldat de la flotte qui se conduira insolemment envers son officier supérieur, lorsque cet officier supérieur sera dans l'exercice de ses fonctions, sera condamné, suivant la gravité de son crime ou de son délit, à telle peine que la cour martiale jugera convenable de prononcer. (Code anglais 1749.)

(a) Art. 13 de la loi du 21 août 1790, tiré de l'art. 20, code anglais : If any person in the fleet shall conceal any traitorous or mutinous practice or design, being convicted there of by the sentence of a court martial he shall suffer death. Toute personne à bord qui laissera ignorer des manœuvres ou des projets de trahison ou de rébellion

17. L'officier marinier ou le matelot coupable de désobéissance envers un officier, pour fait de service, sera frappé de douze coups de corde au cabestan.

18. Si la désobéissance est accompagnée d'injures et de menaces, l'officier marinier ou le matelot qui s'en sera rendu coupable sera condamné à la cale.

19. Tout officier marinier ou matelot coupable d'avoir levé la main contre un officier pour le frapper sera condamné à trois ans de galères (b).

et qui sera convaincue d'y avoir participé, sera condamnée à mort par la cour martiale.

(b) If any officer, mariner soldier, shall presume to quarrel with any of his superior officers, being in the execution of his office, or shall disobey any lawful command of any his superior officers ; every such person being convicted of any such offence, by the sentence of a court martial, such other punishment as shall, accor-

20. Tout officier marinier ou matelot coupable d'avoir frappé un officier sera condamné à mort (*a*).

ding to the nature and degree of his offence, be inflicted upon him by the sentence of a court martial. Tout officier, marin, soldat qui se permettra de disputer avec un supérieur dans l'exercice de ses fonctions, ou qui désobéira au commandement d'un de ses supérieurs, et qui sera convaincu par jugement d'une cour martiale, sera condamné à une peine que la cour martiale infligera selon la nature et le degré du crime ou du délit.

(*a*) Art. 17 de la loi du 21 août 1790, tiré du code anglais 1749 : If any officer, mariner, soldier, shall strike any of his superior officers, or draw or offer to draw, or lift up any weapon against him, being in the execution of his office convicted by the sentence of a court martial, shall suffer death. Tout officier, marin et soldat, qui, sous aucun prétexte que ce puisse être, frappera un de ses supérieurs dans l'exercice de ses fonctions, et qui en sera convaincu par juge-

21. Toute désobéissance faite par un officier à son chef, accompagnée d'un refus formel d'obéir, sera mis au grade immédiatement inférieur à celui qu'il remplit ; s'il est au dernier grade d'officier, il descendra au grade d'élève.

22. Toute injure et menaces jointes à la désobéissance de l'officier le font casser de son grade.

23. Tout commandant d'un bâtiment de guerre, coupable d'avoir désobéi aux ordres ou aux signaux du commandant de l'armée, escadre ou division, sera privé de son commandement ; et si sa désobéissance occasionne une séparation, soit de son vaisseau, soit d'un autre vaisseau de l'escadre, il sera cassé et déclaré indigne de servir.

24. Si la désobéissance aux ordres ou aux signaux a lieu en présence de l'ennemi, le commandant sera condamné à mort.

ment d'une cour martiale, sera condamné à mort.

5.

25. Tout officier marinier ou matelot coupable d'avoir quitté pendant le jour, soit un poste particulier, soit une embarcation du vaisseau à la garde duquel il était préposé, sera condamné à l'exposition pendant une heure au grand mât et mis à la paie inférieure à la sienne.

26. Si l'absence de l'officier marinier ou du matelot a lieu pendant la nuit, il sera attaché deux heures chaque jour, pendant deux jours, et mis à deux paies au-dessous de la sienne.

27. Tout officier, commandant le quart, coupable de l'avoir quitté pour se coucher sera mis au grade immédiatement inférieur au sien, et sera responsable de tous les accidens que le vaisseau éprouverait de sa négligence (a).

(a) No person in or belonging to the fleet shall sleep upon his watch, or negligently perform the duty imposed on him, or forsake his station, upon pain of death, or such other punishment as a court martial shall

28. Tout officier marinier ou matelelot coupable d'avoir, dans un combat, abandonné son poste pour se cacher, sera condamné à courir la bouline.

29. Tout officier coupable d'avoir, pendant le combat, abandonné son poste pour se cacher, sera, s'il est à sa première campagne de guerre, renvoyé du service, cassé et déclaré infâme (b).

think fit to impose, and as the circunstances of the case shall require. Aucun individu à bord de la flotte, ou en faisant partie, ne devra dormir étant de quart, ni apporter de négligence dans l'exécution de son devoir, sous peine de mort ou de toute autre peine que la cour martiale jugera à propos d'infliger selon les circonstances. (Code anglais 1749.)

(b) Every officer, who through owardice, negligence, or disaffection, shall in time of action withdraw or keepback, or not come in to the fight or engagement being convicted there of by the sentence of a court martial shall suffer death. Tout

30. Quiconque , sans l'ordre du capitaine , aura crié de se rendre ou d'amener le pavillon , sera condamné à trois ans de galères.

31. Tout homme qui , par sa conduite lâche ou ses discours séditieux et répétés, produira le découragement dans l'équipage, sera condamné à mort (*a*).

officier qui, par lâcheté, négligence ou déloyauté dans le combat, se retirera en arrière, ou ne prendra pas part au combat ou à l'engagement et qui en sera convaincu par la sentence d'une cour martiale, sera condamné à mort. (Code anglais 1749.)

(*a*) If, when an action, any person in the fleet shall presume to delay or discourage, upon pretence of arrears of wages, or upon any pretence whatsoever; being convicted there of by the sentence of the court martial shall suffer death. Tout individu qui, dans l'action, l'entrave ou porte le découragement, sous prétexte de solde arriérée ou de tout autre motif, s'il en est convaincu par jugement d'une

32. Sera également condamné à mort celui qui, sans l'ordre du commandant du vaisseau , aura amené le pavillon pendant le combat.

33. Tout commandant de vaisseau ou bâtiment de guerre coupable d'avoir embarqué ou permis d'embarquer, sans ordre, des effets de commerce étrangers au service du vaisseau sera déchu pendant deux ans, de tout commandement, et , en cas de récidive, renvoyé du service (*b*).

cour martiale , sera condamné à mort. (Code anglais 1749.)

(*b*) If any captain, commander, or other officer of any his majesty's ships or vessels, shall receive on board, or permit to be received on board such ship or vessel, any goods or merchandizes whatsoever, other than for the sole use of the ship or vessel; every person so offending, being convicted thereof by the sentence of the court martial, shall be cashiered, and be for ever afterwards rendered incapable

34. Si le même délit est commis par un officier marinier ou un officier de l'état-major , il entraînera la perte de deux ans de service effectif sur mer, et privera pendant le même temps de tout avancement.

35. L'officier qui aura transporté à bord , sans permission, toute matière inflammable , telle que

to serve in any place or office in the naval service of his majesty's his heirs and successors. Il est défendu à tout capitaine, commandant de vaisseau, ainsi qu'à tout autre officier embarqué sur un des bâtimens de guerre de S. M., de recevoir ou de permettre qu'on reçoive à bord dudit bâtiment aucuns effets ou aucunes marchandises autres que ce qui est destiné à l'usage du bâtiment ; tout individu qui contreviendra à cette défense et en sera convaincu par jugement d'une cour martiale, sera cassé et sera déclaré à jamais incapable de remplir aucun emploi ni aucune charge dans le service de la marine de S. M., de ses héritiers et de ses successeurs. (Code anglais 1749.)

poudre , soufre , eau-de-vie ou toute liqueur inflammable , sera renvoyé du service.

36. Si le délinquant est officier marinier ou matelot, il sera frappé de douze coups de corde au cabestan ; en cas de récidive, il aura la cale.

37. Tout homme coupable, en temps de guerre, d'avoir allumé ou tenu allumés, pendant la nuit, des feux défendus, ou , dans tous les temps , de les avoir allumés , ou tenus allumés , soit le jour , soit la nuit, sans précaution et de manière à compromettre la sûreté du vaisseau , s'il est officier ou officier marinier, sera cassé ; s'il est matelot, recevra la cale ; et, dans le cas où il en aurait été fait défense expresse par une proclamation faite dans les formes ordinaires, ou si son action avait donné lieu à quelque accident , de ce reconnu coupable, il sera condamné à trois ans de galères.

38. Conformément à la

disposition de l'article précédent, tout officier marinier ou matelot, préposé à la garde d'un feu, et qui n'y aurait pas apporté toute l'attention prescrite, sera puni comme si lui-même avait allumé ou tenu allumé le feu.

39. Tout officier marinier, sergent ou matelot coupable d'avoir, dans une circonstance quelconque, frappé avec armes ou bâton, un autre homme de l'équipage, sera frappé de douze coups de corde au cabestan (a).

40. Tout officier marinier ou matelot coupable d'avoir fait une blessure

(a) If any person in the fleet shall quarrel or fight with, any other person in the fleet, upon being convicted thereof, suffer such punishment as the offence shall deserve, and a court martial shall impose. Tout individu de la flotte qui se querellera ou se battra avec un autre individu de la flotte et qui sera convaincu de ce délit, subira la peine que la cour martiale jugera convenable d'infliger.

dangereuse aura la cale, sans préjudice de la réparation civile réservée aux tribunaux ordinaires.

41. Tout officier coupable d'avoir maltraité et blessé un homme de l'équipage sera interdit de ses fonctions et mis en prison pendant le temps déterminé par le conseil de justice, suivant la nature du délit, sans préjudice, dans le cas de blessure dangereuse, de la réparation civile réservée aux tribunaux ordinaires.

42. Tout officier commandant une portion quelconque des forces navales de la nation, coupable d'avoir suspendu la poursuite, soit de vaisseau de guerre ou d'une flotte marchande, fuyant devant lui, lorsqu'il n'y aura pas été obligé par des forces ou des raisons supérieures, sera cassé et déclaré incapable de servir.

43. Ainsi sera traité tout commandant d'escadre ou de vaisseau, coupable d'avoir refusé des secours à un ou plusieurs bâtimens

amis ou ennemis dans la détresse, implorant son assistance, ou refusé protection à des bâtimens de commerce français qui l'auraient réclamée (a).

44. Tout commandant d'un bâtiment de guerre, coupable d'avoir abandon-né, dans quelque circonstance critique que ce soit, le commandement de son vaisseau pour se cacher, ou d'avoir fait amener son pavillon, lorsqu'il était encore en état de se défendre, sera condamné à mort (b).

(a) Every person in the fleet, who though cowardice, negligence or disaffection, shall forbear to pursue the chace of any enemy, pirate, or rebel, beaten or flying; or shall not relieve and assist a known friend in view to the utmost, of his power; being convicted of any such offence by the sentence of a court martial, shall suffer death. Tout individu de la flotte, qui, par lâcheté, négligence ou déloyauté, s'abstiendra de cesser de poursuivre un ennemi, pirate ou rebelle, qui serait battu ou fuyant, ou bien qui ne ferait pas tout son possible pour dégager ou pour secourir un bâtiment qui serait reconnu ami et en vue, et qui serait convaincu de ce crime par jugement d'une cour martiale, sera puni de mort. (Code anglais.)

(b) Every flag officer, captain, and commander in the fleet, who, upon signal or order of fight, or sight of any ship or ships which it may be his duty to engage, or who, upon likelyhood of engagement, shall treacherously or cowardly yield or cry for quarter, every person so offending and being convicted hereof by the sentence of a court martial, shall suffer death. Tout officier amiral, capitaine de vaisseau ou de tout autre bâtiment dans la flotte, qui au signal ou sur l'ordre du combat, ou bien qui étant en vue de quelque bâtiment qu'il pourrait être de son devoir de combattre, ou bien encore, qui, sur la probabilité d'un engagement, demande à se rendre ou se rend lâchement et traîtreusement et qui en est convaincu par sentence d'une

Sera condamné à la même peine tout commandant coupable, après la perte de son vaisseau, de ne l'avoir pas abandonné le dernier.

45. Tout officier chargé de la conduite d'un convoi, coupable de l'avoir abandonné volontairement, sera condamné à mort.

46. Tout capitaine de navire du commerce, faisant partie d'un convoi, coupable d'avoir volontairement abandonné le convoi, sera condamné à trois ans de galères (a).

cour martiale, sera condamné à mort. (Code anglais.)

(a) The officers and seamen of all ships appointed for convoy and guard of marchant ships, refusing or neglecting to fight in their defence, or running away cowardly, and submitting the ships in their convoy to peril and hazard shall be punished criminally, according to the quality of their offences, be it by pain of death, or other punishment, according as shall be adjudged fit by the court martial. Les officiers et ma-

47. Tout officier commandant une escadre ou un bâtiment de guerre quelconque, coupable de n'avoir pas rempli la mission dont il était chargé, et cela par impéritie ou négligence, sera, s'il est officier général ou capitaine de vaisseau, déclaré incapable de commander ; et s'il a tout autre grade, il sera déchu de tout commandement pendant trois ans.

S'il est coupable d'avoir volontairement manqué la mission dont il était chargé, il sera condamné à la mort.

48. Tout commandant d'un bâtiment de guerre

rins embarqués sur les bâtimens destinés à former le convoi et à escorter les navires du commerce, qui négligeraient ou refuseraient de se battre pour les défendre et qui prendraient lâchement la fuite en exposant lesdits navires du convoi au péril et au hasard, seront traduits criminellement devant une cour martiale, qui les condamnera soit à la mort, soit à toute autre peine. (Code anglais.)

quelconque, coupable de l'avoir perdu, si c'est par impéritie, sera cassé et déclaré incapable de servir ; si c'est volontairement, il sera condamné à la mort.

49. Tout pilote côtier coupable d'avoir perdu un bâtiment quelconque de l'Etat ou du commerce, lorsqu'il s'était chargé de sa conduite, et qu'il avait déclaré en répondre, si c'est par négligence ou ignorance, sera condamné à trois ans de galères ; si c'est volontairement, il sera condamné à mort.

50. Tout officier particulier chargé d'une expédition, mission ou corvée quelconque, coupable de s'être écarté des ordres qu'il avait reçus, et d'avoir par là fait échouer ou mal rempli la mission dont il était chargé sera interdit de ses fonctions et privé d'avancement pendant le temps déterminé par le conseil de justice.

51. Tout commandant d'un vaisseau de guerre coupable d'avoir perdu son vaisseau par la suite d'une inexécution non forcée des ordres qu'il avait reçus sera cassé et condamné à cinq ans de prison.

52. Tout homme, sans distinction de grade ou emploi, coupable d'avoir volé à bord des effets appartenant à quelque particulier, sera frappé de douze coups de corde au cabestan ; en cas de récidive, il courra la bouline. Dans tous les cas de vol quelconque, le voleur sera obligé à la restitution des effets volés.

53. Tout homme coupable d'un vol avec effraction, d'effets appartenant à des particuliers, soit à bord, soit à terre, sera condamné à recevoir la cale ; en cas de récidive il sera condamné à six ans de galères.

54. Tout homme qui, descendu à terre, s'y rendra coupable d'un vol, si c'est sur territoire français, sera frappé de douze coups de corde au cabestan ; si c'est sur territoire étranger, recevra la cale. Si le vol excède la valeur de 12

francs, l'homme qui s'en sera rendu coupable sera condamné à courir la bouline ; et en cas de récidive, à six ans de galères.

55. Tout homme coupable d'avoir volé et fait transporter à terre des vivres, munitions, agrès ou autres effets publics du vaisseau, sera condamné à courir la bouline.

56. En cas de récidive, ou si un premier vol de vivres et autres effets publics, excédait en vivres une valeur de cinquante rations, et en autres effets une valeur de 50 fr. ; l'homme qui s'en sera rendu coupable sera condamné à trois ans de galères.

57. Tout homme coupable d'avoir volé, en tout ou en partie, l'argent de de la caisse du vaisseau ou de telle autre caisse publique, déposée à bord du vaisseau, sera condamné à neuf ans de galères.

58. Tout homme coupable d'avoir volé à bord de la poudre, ou d'avoir recélé de la poudre volée, sera condamné à trois ans de galères.

59. Tout homme coupable d'avoir volé ou tenté de voler de la poudre dans la soute aux poudres sera condamné à neuf ans de galères.

60. Tout vol d'effets quelconque fait à bord d'une prise, lorsqu'elle n'est pas encore amarinée, sera regardé comme un vol d'effets particuliers, et l'homme qui s'en sera rendu coupable sera frappé de douze coups de corde au cabestan.

61. Tout homme coupable d'avoir dépouillé un prisonnier de ses vêtemens et de les avoir volés, sera frappé de vingt-quatre coups de corde au cabestan.

62. Lorsqu'une prise sera amarinée, elle sera regardée comme possession nationale, et tout vol d'agrès, munitions, vivres et marchandises, sera censé vol d'effets publics et puni de trois à neuf ans de galères.

63. Les dégâts commis à terre par les marins se-

ront rangés dans la classe des délits emportant peine afflictive ; s'ils excèdent la valeur de douze francs, ils seront punis, en ce cas, de douze coups de corde au cabestan, outre la restitution des dommages civils.

64. Tous autres dégâts au-dessous de cette valeur, seront soumis aux peines de discipline.

65. Tous les hommes, sans distinction, composant l'état-major ou l'équipage d'un vaisseau naufragé, continueront d'être soumis à la présente loi, ainsi qu'à toutes les règles de discipline militaire, jusqu'au moment où ils auront été légalement congédiés.

66. Les officiers, sous-officiers et soldats, soit des troupes de la marine, soit des troupes de terre, embarqués sur des bâtimens de guerre, seront assujétis, comme les officiers de la marine, officiers-mariniers et matelots, à toutes les dispositions de la présente loi, pendant le temps de leur séjour sur les vaisseaux.

67. Toute autre personne, embarquée sur un vaisseau, sera également soumise à la présente loi, et à toutes les règles de police établies dans le vaisseau.

68. Les peines de discipline et les peines afflictives prononcées dans les cas ci-dessus énoncés, seront applicables à tous les délits commis dans les arsenaux, par les officiers-mariniers, matelots et soldats.

69. En ce qui concerne les manquemens au service, par négligence ou désobéissance de la part des maîtres d'ouvrages, ouvriers et autres employés dans les arsenaux, le commandant et l'intendant du port, chacun en ce qui le concerne, pourront, selon le cas, prononcer les arrêts, la prison pendant trois jours, la privation d'un mois de solde en appointemens ; pour tous autres délits majeurs, les délinquans seront légalement poursui-

vis , conformément aux ordonnances actuellement subsistantes pour l'exercice de la justice dans les arsenaux , en observant, toutefois, ce qui est prescrit pour la formation et le prononcé d'un jury.

LOI

Qui modifie le Code pénal de la marine, donnée à Paris, le 2 novembre 1790.

Art. 1er. L'art. 2 du titre Ier du code pénal de la marine, sera rédigé de la manière suivante :

Le commandant du bâtiment et l'officier commandant le quart ou la garde, pourront prononcer les peines de discipline contre les délinquans ; le commandant de la garnison pourra aussi prononcer les peines de discipline contre ceux qui la composent, à la charge par ces officiers d'en rendre compte au commandant du vaisseau, après le quart ou la garde.

2. L'art. 1er du titre II sera ainsi conçu :

Seront infligées aux matelots et officiers-mariniers, comme peines de discipline, celles-ci après dénommées :

Le retranchement du vin ne pourra avoir lieu pendant plus de trois jours;

Les fers sous le gaillard, au plus pendant trois jours;

La prison au plus pendant le même temps.

EXTRAIT

Du décret de l'Assemblée nationale du 12 octobre 1791.

POLICE DES ARSENAUX

Art. 1er. La police du port appartient à l'ordonnateur; elle sera exercée sous son autorité par le commissaire-auditeur, et, à son défaut, par l'officier commandant des brigades de gendarmerie nationale, attaché au service de l'arsenal.

2. Seront réputés délits de police, tous ceux commis contre l'ordre public et le service des arsenaux, ou en contravention des règlemens particuliers des ports.

3. Seront aussi réputés délits de police, tous les vols simples, au-dessous de six francs, commis dans les arsenaux.

4. Les peines de police pour délits commis dans les arsenaux, sont les arrêts, la prison au-dessous de trois mois, l'amende au-dessous de cent francs, l'interdiction, la réduction de paie, l'expulsion de l'arsenal et du service.

5. Les arrêts et la prison pendant huit jours au plus, pourront être prononcés, en simple police, par l'ordonnateur et le commissaire-auditeur ; toute autre peine ne pourra être ordonnée que par le conseil d'administration, qui, dans ce cas, prendra le titre de tribunal de police correctionnelle, et sur le rapport du commissaire-auditeur.

6. Ce tribunal renverra à la cour martiale tous les délits emportant une peine plus grave que ceux énoncés à l'art. 4.

7. Cette juridiction de police s'étendra sur toutes les personnes indistinctement, qui se rendront coupables de délits ou de fautes dans l'intérieur de l'arsenal.

8. Les chefs et les sous-chefs d'administration auront le droit de faire arrêter et conduire en prison tout homme prévenu d'un délit ou faute, à la charge d'en faire prévenir aussitôt le commissaire-auditeur.

9. La discipline intérieure des troupes de la marine, lorsqu'elles ne seront point embarquées, sera réglée par le décret relatif à la discipline intérieure des corps militaires, du 15 septembre 1790, dont toutes les dispositions sont rendues applicables aux troupes de la marine.

DES DÉLITS ET DES PEINES.

Art. 1er. Les peines énoncées dans ce titre ne pourront être infligées que par jugement de la cour martiale.

2. Les délits militaires commis dans les ports et arsenaux, seront jugés en conformité du décret du 21 août 1790, concernant les délits sur les vaisseaux; et dans les cas non prévus par ce décret, ou dans le cas de peines qui ne seraient pas de nature à être exécutées à terre, on aura recours aux décrets rendus ou à rendre pour les délits de troupes de terre.

3. Tout homme convaincu d'un vol de la valeur de six francs et au-dessus, sera condamné au carcan, à une amende triple de la valeur de la chose volée, à l'expulsion de l'arsenal, et à la dégradation civique. Dans tous les cas de vol ou larcin, l'accusé sera condamné à la restitution de l'effet volé.

4. Lorsque le vol aura été commis ou favorisé par des personnes spécialement chargées de veiller à la conservation des effets, tels que gardes-magasins, gardiens de vaisseaux, maîtres, contre-maîtres, commis d'administration, embarquans, commis des vivres, et autres chargés d'un maniement ou d'un dépôt, la peine sera celle de la chaîne pour six ans.

5. La même peine aura lieu contre les suisses, gendarmes, gardiens et consignes, qui auront commis ou favorisé ledit vol.

6. Tous vols caractérisés seront punis, ainsi qu'il a été décrété dans le code général des délits et des peines, au titre II de -la seconde section, dans les dispositions applicables aux arsenaux; de telle sorte que la peine de la chaîne prononcée par ce code, dans tous les cas où le vol sera commis de nuit, avec armes, fausses clefs, attroupement, effraction et autres circonstances aggravantes, soit toujours

augmentée de trois années en sus du nombre déterminé dans ledit code, lorsqu'il aura été commis avec les mêmes circonstances, par les personnes désignées dans les cinquième et sixième articles ci-dessus : toutefois, la durée de ladite peine ne pourra excéder trente ans, à raison desdites circonstances, en quelque nombre qu'elles se trouvent réunies.

7. Les maîtres, contre-maîtres et ouvriers qui seraient convaincus d'avoir fabriqué dans leurs ateliers des ouvrages pour leur compte, seront condamnés aux mêmes peines prononcées contre le vol, si la matière desdits ouvrages est reconnue avoir été prise dans l'arsenal ; et si elle leur appartient, ils seront condamnés à perdre ce qui pourra leur être dû en appointemens ou en journées, et à être renvoyés du service.

8. Si aucun des entrepreneurs et maîtres d'ouvrages dans l'arsenal, était convaincu d'avoir substitué aux matières ou marchandises qui leur sont délivrées du magasin général pour être fabriquées, d'autres matières d'une moindre valeur et qualité, il sera condamné au paiement de la plus-value, à l'amende qui ne pourra excéder trois cents francs, et à la dégradation civique.

9. Il est défendu à tous maîtres et autres à la solde de l'Etat, de recevoir aucune espèce d'intérêt, présent ou gratification de la part d'un entrepreneur ou fournisseur, lorsque leur fonction pourra influer sur le bénéfice de la fourniture, à peine d'une amende qui ne pourra excéder cent francs, d'un mois de prison, et d'être renvoyé du service, et contre ledit fournisseur ou entrepreneur qui leur aurait accordé cet avantage illicite, d'une amende qui ne pourra excéder trois cents francs.

10. Ceux qui troubleront et compromettront le service par des discours séditieux, seront condamnés à la gêne pendant un

an, et ceux qui se porteront à des actes de révolte, seront punis de six années de chaîne. La peine sera double contre ceux qui seront convaincus d'avoir excité lesdites séditions et révoltes.

11. Les voies de fait commises envers l'ordonnateur, les chefs, sous-chefs et autres supérieurs, seront punies par cinq ans de gêne au plus, et l'expulsion de l'arsenal. -

Les autres actes d'insubordination qui ne porteront pas de caractère grave, seront punis par voie de police.

12. Ceux qui auront falsifié ou altéré les registres, rôles, quittances et autres papiers du service, ou qui auront fabriqué ou fait fabriquer de faux rôles, fausses quittances et autres actes, ou qui les emploieront à leur profit, ou enfin qui supposeront effectifs, au détriment des deniers de la nation, des hommes, des matières et des sommes non existans,

seront condamnés à dix ans de chaîne.

13. Ceux qui se présenteront aux bureaux des classes, et qui prendront frauduleusement le nom d'un marin employé sur les vaisseaux de l'Etat, pour s'approprier ses salaires, parts de prise, ou autres sommes à lui revenant, seront condamnés au carcan et à la prison pendant une année. La même peine aura lieu contre tous ceux indistinctement qui auront eu part à ce faux, soit en attestant l'identité de l'homme, soit en concourant, de toute autre manière, à l'infidélité du faussaire.

14. Seront punis de la même manière, les faux créanciers et leurs complices qui emploieront des moyens frauduleux pour constater leur prétendu titre à l'égard d'un marin mort ou absent.

15. Il est défendu, sous peine d'être mis à la gêne pendant trois ans, de faire du feu dans l'arsenal, si ce n'est dans les bureaux

et autres lieux qui seront déterminés par l'ordonnateur pour les besoins indispensables du service ; la même peine aura lieu contre ceux qui étant commis pour veiller lesdits feux, les quitteraient avant qu'ils soient entièrement éteints.

ARRÊTÉ

Relatif aux fonctions de grand juge dans les cours martiales maritimes, du 3 vendémiaire an IX (25 septembre 1800).

Les consuls de la république, sur le rapport du ministre de la marine : le conseil d'état entendu,

ARRÊTENT :

Art. 1er. Le préfet maritime, dans chaque port, remplira les fonctions qui étaient attribuées aux ordonnateurs de la marine par la loi du 12 octobre 1791, sur l'organisation des cours martiales maritimes.

2. En cas d'absence où d'empêchement, le préfet maritime sera remplacé par celui des chefs de service qui, en vertu de l'art. 84 du règlement du 7 floréal sur l'organisation de la marine, aura été désigné par le ministre pour remplir ses fonctions.

3. Le ministre de la marine et des colonies est chargé de l'exécution du présent arrêté, qui sera inséré au bulletin des lois.

Le premier consul, signé : BONAPARTE.

Par le premier consul, le secrétaire d'Etat, signé : Hugues B. MARET.

ARRÊTÉ

Relatif aux Conseils de guerre maritimes spéciaux, du 5 germinal, an XII (26 mars 1804).

Le gouvernement de la république, sur le rapport du ministre de la marine et des colonies ;

Le conseil d'Etat entendu, ARRÊTE :

TITRE PREMIER.

Composition et compétence des conseils de guerre maritimes spéciaux.

Art. 1ᵉʳ. Les officiers-mariniers, matelots et novices embarqués, ou levés pour être embarqués sur les bâtimens de la république, qui seront accusés de désertion, seront jugés par un conseil de guerre maritime spécial.

2. Le conseil de guerre maritime spécial sera composé de sept juges,

Savoir :

Un capitaine de vaisseau ou de frégate, président ; quatre lieutenans et deux enseignes.

Un lieutenant de vaisseau fera les fonctions de rapporteur et de commissaire du gouvernement, et un agent comptable celles de greffier.

3. Les juges du conseil de guerre maritime spécial, le rapporteur et le greffier, seront nommés par le préfet maritime, lorsque le prévenu n'aura pas une destination fixe, ou lorsqu'il sera embarqué sur un bâtiment ne faisant point partie d'une armée navale, escadre ou division commandée par un officier général ou supérieur.

4. Dans les rades, les colonies et les lieux de relâche, dans les armées navales, escadres ou divisions, les juges du conseil de guerre maritime spécial, le rapporteur et le greffier seront nommés par l'officier général ou supérieur commandant les forces navales.

5. Les membres du conseil de guerre seront pris, à tour de rôle, soit parmi ceux présens dans le port, soit parmi ceux embarqués sur les différens bâtimens composant les divisions des forces navales réunies sous le même pavillon.

6. L'officier commandant joindra à sa plainte toutes les pièces qui serviront à constater le délit.

Les mêmes dispositions seront observées par les

capitaines commandant les bâtimens naviguant isolément.

7. Hors les cas de maladie ou d'empêchement dûment constatés, ou de motifs de récusation déterminés par les lois, nul officier ne pourra refuser de remplir les fonctions auxquelles il aura été appelé près le conseil de guerre maritime, sous peine de destitution.

8. Le conseil de guerre maritime spécial ne connaîtra que du crime de désertion et des circonstances aggravantes de ce crime.

9. Tout conseil de guerre maritime spécial sera dissous dès qu'il aura prononcé sur le délit pour le jugement duquel il aura été convoqué.

10. Aucun des membres qui l'auront composé ne pourra être appelé de nouveau à un conseil de guerre spécial qu'à son tour de rôle.

11. Le même officier ne pourra remplir les fonctions de rapporteur dans deux affaires consécutives.

12. Les conseils de guerre maritimes spéciaux tiendront leurs séances, savoir :

En rade, à bord du bâtiment sur lequel sera embarqué le prévenu ;

Dans le port, à bord de l'amiral, ou dans un lieu qui sera désigné à cet effet par le préfet maritime.

Procédure devant le conseil de guerre maritime spécial.

13. Tout administrateur de la marine, chargé du service de l'inscription, qui aura reçu l'ordre de faire une levée pour l'armement des bâtimens de la république, adressera au préfet maritime de son arrondissement l'état des marins compris dans cette levée, avec l'indication du jour de leur départ, et de celui auquel ils devront être rendus dans le port d'armement.

14. Huit jours après celui fixé pour l'arrivée desdits marins, le préfet maritime se fera représenter l'état ci-dessus mention-

né, et ceux qui ne seraient pas rendus au port d'armement, seront réputés déserteurs, et traduit comme tels au conseil de guerre maritime spécial. Les commissaires chargés des détails des armemens ou de l'inspection maritime, devront, sous peine de quinze jours d'arrêts forcés, et de plus fortes peines, s'il y a lieu, porter plainte au préfet maritime contre lesdits marins, dans les vingt-quatre heures qui suivront l'époque où ils seront réputés déserteurs.

Les mêmes dispositions auront lieu à l'égard des marins qui déserteront de l'hôpital ou de leur caserne.

15. La même injonction que ci-dessus, et sous la même peine, est faite aux commissaires chargés du détail de l'hôpital ou de celui de la caserne.

16. Tout capitaine d'un bâtiment de la république, dont un homme de l'équipage aura déserté ou ne se sera pas rendu à son bord après avoir reçu sa destination, devra, sous peine de quinze jours d'arrêts forcés, et de plus fortes peines, s'il y a lieu, porter plainte contre ledit marin dans les vingt-quatre heures qui suivront l'époque où il aura été déclaré déserteur (a).

(a) If any commanding officer of any of his majesty's ships or vessels of war shall receive or entertain a deserter from any other of his majesty's ships or vessels, after discovering him to be such deserter, and shall not with all convenient speed give notice to the captain of the ship or vessel to which such deserter belongs; every person so offending, and being convicted thereof by the sentence of the court martial, shall be cashiered. Si un officier commandant un des vaisseaux ou autres bâtimens de guerre de S. M. reçoit ou garde à son bord un déserteur de quelqu'autre vaisseau ou bâtiment de guerre de S. M., après qu'il aura découvert qu'il a déserté et n'en donne pas, avec toute la promptitude possible, connaissance au capitaine de vaisseau auquel ledit déserteur appartient, tout

17. Les noms, prénoms, lieu de naissance, âge, grade, signalement et domicile de l'accusé, le bâtiment sur lequel il est embarqué, et le jour de sa désertion, seront expressément mentionnés dans la plainte. Les témoins, s'il en existe, y seront également désignés.

18. L'amiral, l'officier général ou supérieur commandant, ou le préfet maritime, à qui la plainte aura été portée, mettra au bas de cette plainte : *Soit fait ainsi qu'il est requis.*

19. S'il croit devoir se refuser à donner cette autorisation, il mettra au bas de la plainte : *Il n'y a pas lieu à informer.* Il signera cette décision, et dans les vingt-quatre heures, il en fera connaître les motifs au ministre de la marine, qui prononcera sans délai.

20. S'il autorise l'infor-

mation, le rapporteur qu'il aura nommé au bas de la plainte, s'occupera, sans délai, à instruire le procès, de manière qu'en trois jours l'affaire soit jugée, ou contradictoirement ou *par coutumace.*

21. Le rapporteur entendra les témoins, s'il en existe, interrogera le prévenu, s'il est arrêté ; et s'il y a des preuves matérielles du délit, il les constatera.

22. Le témoin sera cité par une cédule signée du rapporteur ; elle lui sera remise par une ordonnance.

23. Les déclarations des témoins seront reçues à la suite les unes des autres sur un seul cahier.

24. Chaque déclaration sera signée du témoin, du rapporteur et du greffier.

Si le témoin ne sait ou ne veut signer, il en sera fait mention.

25. Le rapporteur interrogera le prévenu sur ses nom, prénoms, âge, lieu de naissance, domicile, et sur le délit et ses circonstances.

26. S'il existe des preu-

individu qui se rendrait ainsi coupable et qui en serait convaincu par jugement d'une cour martiale, sera cassé. (Code anglais.)

ves matérielles de délit, elles lui seront représentées pour qu'il déclare s'il les reconnaît.

27. S'il y a plusieurs prévenus dans une même affaire, le rapporteur les interrogera séparément. Chaque interrogatoire, rédigé sur un cahier séparé, sera clos par la signature de l'accusé, du rapporteur et du greffier.

28. Si l'accusé ne sait ou ne veut signer, il en sera fait mention.

29. L'information étant terminée, le conseil de guerre maritime spécial sera assemblé.

30. Si le conseil ne trouve pas que l'instruction soit complète, il ordonnera *un plus ample informé,* qui ne pourra être prolongé au-delà de deux fois vingt-quatre heures.

31. Si, outre le crime de désertion, le conseil trouve que l'accusé en a commis un de nature à être plus sévèrement puni par les lois, il renverra l'accusé, la procédure et les pièces du procès pardevant le tribunal compétent, et il en rendra compte au ministre de la marine.

32. Si, au contraire, le conseil trouve que l'accusé n'a pas commis le crime de désertion, mais un délit moins grave, après l'avoir acquitté du crime de désertion, il le renverra, pour être puni, au tribunal où chef militaire compétent.

33. Tout tribunal auquel un conseil de guerre maritime spécial aura renvoyé un accusé de désertion, comme en même temps accusé d'un crime plus sévèrement puni par les lois, renverra l'accusé après son jugement, s'il n'est pas condamné à une peine plus grave que celle portée contre la désertion, au conseil de guerre maritime spécial, pour prononcer sur le crime de désertion, dont la connaissance lui est expressément et privativement attribuée.

34. Il en sera usé de même par tout tribunal qui devra prononcer sur un individu accusé de désertion

35. Le conseil de guerre maritime spécial, une fois assemblé, ne pourra désemparer avant d'avoir jugé le procès pour lequel il aura été convoqué. Il entendra la lecture de l'information, celle des pièces du procès, s'il y en a, l'interrogatoire de l'accusé ; fera ensuite introduire l'accusé dans la salle de la séance, entendra les témoins, les conclusions du rapporteur, et enfin la défense de l'accusé.

36. Le président, au nom et de l'avis du conseil de guerre maritime spécial, posera toutes les questions qui résultent de la plainte ; elles seront posées de la manière suivante :

N..... est-il convaincu de s'être rendu coupable du crime de désertion ?

N..... est-il déserté à l'intérieur ?

N..... est-il déserté à la vue de l'ennemi ?

N..... etc., etc.

37. Les questions relatives aux circonstances de la désertion seront présentées chacune séparément, sans qu'il soit nécessaire de commencer par les plus aggravantes.

38. Le reste de la procédure comme pour l'armée de terre.

Des peines contre la désertion.

39. Les peines contre la désertion seront, suivant les circonstances du délit :

1° La mort ;
2° *La chaîne (a)* ;
3° La bouline.

De la peine de mort.

40. Les déserteurs condamnés à mort seront passés par les armes.

De la peine de la chaîne.

41. Les déserteurs condamnés à la chaîne seront conduits dans un des bagnes établis dans les

(a) Le boulet. Voir le décret du 4 mai 1812.

ports de la république, pour y être employés aux travaux de l'arsenal.

Ils porteront un vêtement particulier, dont les couleurs différeront absolument de celles affectées aux autres condamnés.

Hors le temps des travaux, ils seront détenus dans un local particulier, et séparé de celui des autres condamnés.

De la peine de la bouline.

42. Le déserteur condamné à courir la bouline, ne pourra être frappé que par trente hommes au plus, et pendant trois courses.

Application des peines contre la désertion.

43. Sera puni de mort :

1° Le marin déserteur à l'ennemi ;

2° Tout chef de complot de désertion ;

3° Tout marin qui aura déserté en présence de l'ennemi, étant commandé spécialement pour le service.

4° Tout marin déserteur qui aurait emporté des armes ou des munitions de son bord ou de l'arsenal ;

Sera puni de la peine de la chaîne (a) :

44. Le marin déserteur à l'intérieur, qui sera redevable à la république de tout ou partie d'avances qui lui auront été faites, soit sur sa solde, soit en effets d'habillement, ou qui aura emporté des vêtemens ou effets appartenant à ses camarades ;

Le marin déserteur à l'intérieur, qui aura déserté plus d'une fois depuis la publication du présent arrêté.

45. La durée de la peine de la chaîne sera toujours de trois ans.

46. Elle sera du double de ce temps pour les déserteurs à l'étranger qui

(a) Maintenant le boulet. Voir le décret du 4 mai 1812, art. 4.

y auraient pris du service.

47. Sera réputé déserteur à l'intérieur :

1° Tout marin qui aura été absent de son bord pendant trois jours de suite sans permission ;

2° Tout marin qui aura déserté d'un bâtiment de la république pour s'engager sur un bâtiment particulier ;

3° Tout marin qui, ayant reçu l'ordre du départ de son quartier, et ayant touché sa conduite, ne sera pas rendu à sa destination dans le délai de trois jours après le jour fixé, s'il ne justifie pas en avoir été empêché par un motif légitime.

4° Tout marin qui se sera évadé de la caserne des matelots ou de l'hôpital, et qui n'aura pas reparu dans le délai de trois jours ;

5° Tout marin qui, ayant quitté l'hôpital avec un billet de sortie, ne se sera pas rendu, dans ledit délai, à son bord ou à sa destination ;

6° Tout marin qui, ayant obtenu un congé limité, n'aura pas rejoint huit jours après l'expiration du temps fixé pour son retour.

48. La peine de la bouline sera augmentée d'une course pour chacune des circonstances suivantes :

1° Si la désertion n'a pas été individuelle ;

2° Si le bâtiment était en partance.

49. Il est défendu aux conseils de guerre maritimes spéciaux, sous peine de forfaiture, de commuer ni de diminuer les peines portées contre les déserteurs.

50. Les jugemens des conseils de guerre maritime spéciaux ne seront sujets ni à appel, ni à pourvoi en cassation ; ils seront exécutés à la diligence du rapporteur, dans les vingt-quatre heures.

51. S'il s'agit de la peine de mort, pourra, le préfet maritime, l'officier général ou supérieur, ou le commandant d'une division qui aura convoqué le conseil, après l'avis des deux officiers les plus anciens dans les grades les

plus élevés parmi ceux qui sont employés sous ses ordres, suspendre l'exécution du jugement; à la

De l'exécution des jugemens.

52. Tout marin déserteur condamné à mort, sera exécuté à bord du bâtiment sur lequel il était embarqué; en cas d'empêchement, ou si, avant d'être mis en jugement, il n'était pas embarqué, l'exécution se fera à bord de l'amiral, ou dans le lieu qui sera indiqué par l'officier général ou supérieur commandant l'escadre ou la division, ou par le préfet maritime.

53. Tout marin déserteur, condamné à la chaîne, sera conduit, soit à bord du bâtiment d'où il a déserté, soit à terre, soit à bord de l'amiral, ou dans un lieu qui sera désigné à cet effet, le lendemain du jour où il aura été jugé.

54. Il y paraîtra en présence des détachemens de marins des divers bâtimens ou de la caserne, avec la chaîne au pied, et charge par lui d'en rendre compte, dans les vingt-quatre heures, au ministre de la marine et des colonies.

revêtu de l'habillement des condamnés à la chaîne.

55. Il entendra la lecture de sa sentence à genoux; il passera devant les détachemens de marins, lesquels seront placés comme il en aura été ordonné par l'amiral, l'officier général ou officier supérieur commandant, ou le préfet maritime.

Les détachemens défileront ensuite devant lui.

56. Le marin déserteur condamné à la bouline, sera conduit au lieu désigné, comme il est dit à l'article ci-dessus. Il entendra sa sentence debout; après quoi il subira sa peine en présence des détachemens de marins rassemblés à cet effet.

57. Les marins condamnés à la peine de la chaîne, seront remis, dans le délai de vingt-quatre heures, après que le juge-

ment aura été rendu, entre les mains de la gendarmerie nationale, pour être conduits de brigade en brigade jusqu'aux lieux où ils devront subir cette peine.

58. Il sera remis au commandant de la gendarmerie une expédition du jugement porté contre l'individu, laquelle sera déposée et enregistrée dans le bureau du commissaire de marine préposé au détail des chiourmes dans le port où le condamné aura été conduit.

Dispositions générales.

59. Lecture du présent arrêté sera faite, le premier dimanche de chaque mois, sur les bâtimens de la république, et aux casernes des marins.

60. Il sera envoyé une expédition du jugement rendu contre tout marin déserteur, à l'administrateur de marine chargée de l'inscription maritime dans le quartier où le condamné aura été inscrit ; et ledit administrateur sera tenu de donner la plus grande publicité au jugement.

61. Toutes les dispositions contraires au présent arrêté sont abrogées.

62. Le ministre de la marine et des colonies, et le ministre de la guerre, sont chargés, chacun en ce qui le concerne, de l'exécution du présent arrêté, qui sera inséré au *Bulletin des lois.*

Le premier consul, signé : BONAPARTE ; par le premier consul, le secrétaire d'Etat, signé : Hugues B. MARET.

ARRÊTÉ
Additionnel à celui du 5 germinal, an XII, sur les conseils de guerre maritimes spéciaux.

Au palais de St-Cloud, le 1er floréal an XII (21 avril 1804).

Le gouvernement de la république, sur le rapport du ministre de la marine et des colonies ; Le conseil d'état entendu ;

Arrête ce qui suit :

Supplément à l'arrêté du 5 germinal, an XII, concernant les conseils de guerre maritimes spéciaux.

IIe §. Art. 4. « S'il ne se trouve pas dans un port assez d'officiers pour former le conseil de guerre maritime spécial, il en sera appelé un nombre suffisant du port le plus voisin.

» Si dans une division il ne se trouve pas assez d'officiers pour former ledit conseil de guerre, le prévenu sera détenu à bord, et dénoncé par l'officier commandant à l'autorité supérieure de la rade ou du port où il viendra relâcher. »

Nouvelle rédaction du IIe §.

Art. 35. « En temps de guerre, la durée de la peine sera double pour les déserteurs à l'étranger. »

Des fauteurs et complices de désertion.

Art. 63. Tout individu, attaché à l'armée navale ou au service des ports et arsenaux, prévenu d'être fauteur ou complice de désertion, sera jugé par le conseil de guerre maritime spécial, suivant les formes établies par le présent arrêté.

64. S'il est convaincu d'avoir provoqué ou favorisé la désertion à l'ennemi, d'un ou plusieurs marins, il sera puni de mort.

65. S'il est convaincu d'avoir provoqué ou favorisé la désertion à l'étranger d'un ou plusieurs marins, il sera puni de six ans de chaîne, si c'est en temps de guerre, et de trois ans si c'est en temps de paix.

66. Tout armateur ou propriétaire de navires ou autres embarcations quelconque, ou tout habitant de l'intérieur, convaincu d'avoir recélé un marin déserteur, d'avoir favorisé son évasion, ou de l'avoir, de quelque manière que ce soit, soustrait au service

de l'Etat ou aux recherches de sa personne, sera dénoncé au substitut du commissaire du gouvernement près le tribunal criminel, par le préfet maritime ou chef d'administration du port, et jugé conformément à la loi du 24 brumaire an VI, concernant l'exécution de celles relatives au déserteur, et condamné, par voie de police correctionnelle, à une amende qui ne pourra être moindre de trois cents francs, ni excéder trois mille francs, et à l'emprisonnement d'un an.

67. L'emprisonnement sera de deux ans, si la désertion a eu lieu en temps de guerre.

68. Si la désertion a eu lieu à l'ennemi, l'individu qui l'aura provoquée ou favorisée, sera jugé conformément au code des délits et des peines, du 21 brumaire an V, pour les troupes de la république.

DÉCRET IMPÉRIAL

Concernant la peine encourue pour le recèlement des marins déserteurs.

Au palais de Plaisance, le 9 messidor an XIII (28 juin 1805).

NAPOLÉON, empereur des Français ;

Sur le rapport de notre ministre de la marine et des colonies ;

Le conseil d'Etat entendu,

Décrète ce qui suit :

Art. 1er. Tout capitaine de navire ou autre soumis à l'inscription maritime, convaincu d'avoir recélé un marin déserteur, d'avoir favorisé son évasion ou de l'avoir, de quelque manière que ce soit, soustrait au service de l'Etat et aux recherches de sa personne, sera, conformément aux dispositions de l'art. 49 de l'arrêté du 1er floréal an XII, additionnel à celui du 5 germinal précédent, si c'est en temps de paix, condamné, par voie de police correctionnelle, à une amende qui ne pourra être moindre de trois cents francs, ni excéder trois mille francs, et à l'emprisonnement d'un an.

Si c'est en temps de guerre, l'emprisonnement sera de deux ans.

Sont, au surplus, applicables à tous les individus tenant à la marine, les dispositions des articles 46, 47 et 48 de l'arrêté du 1er floréal an XII.

2. Le ministre de la marine et des colonies est chargé de l'exécution du présent décret.

Signé : NAPOLÉON.

Par l'empereur, le secrétaire d'Etat, signé :

Hugues B. MARET.

NAPOLÉON, empereur des Français, roi d'Italie ;

Sur le rapport du ministre de la marine et des colonies ; notre conseil d'Etat entendu,

Nous avons décrété et décrétons ce qui suit :

TITRE Ier. — *Du conseil de marine.*

Art. 1er. Lorsque nous estimerons du bien de notre service de faire examiner la conduite des officiers généraux, capitaines de vaisseaux et autres officiers que nous aurons chargés du commandement de nos escadres, divisions ou vaisseaux particuliers, relativement aux missions que nous leur aurons confiées, à l'économie dans les dépenses et consommations, nous ferons assembler à cet effet un conseil de marine, dans tel port que nous jugerons à propos, pour procéder audit examen.

2. Le conseil de marine sera composé du nombre d'officiers généraux ou capitaines de vaisseaux que nous jugerons à propos, lesquels prendront séance suivant leur ancienneté dans leur grades respectifs.

3. Lorsqu'il sera question d'examiner .a con-

duite d'un officier général, le conseil de marine ne sera composé, autant que possible, que d'officiers généraux.

4. Le chef d'administration et l'inspecteur devront assister au conseil lorsque, d'après nos ordres, le conseil sera chargé d'un examen extraordinaire des objets relatifs à l'économie dans les dépenses et consommations.

L'inspecteur n'aura pas voix délibérative.

5. Le commandant en chef d'une escadre, ainsi que les officiers généraux employés sous ses ordres et le commandant d'un bâtiment particulier, au retour de la mer, enverront leurs journaux au ministre de la marine, pour nous être soumis ; et si nous jugeons à propos de faire tenir un conseil de marine, en même temps que nous nommerons les officiers qui devront le composer, nous ferons adresser au plus ancien, qui en sera le président, lesdits journaux et une copie des instructions que nous aurons données au commandant.

6. Le président du conseil ayant assemblé les officiers qui devront le composer, dans le lieu destiné à cet effet, leur dira qu'ils sont tenus envers nous et envers leur propre honneur et conscience, d'écarter tout préjugé et toute partialité dans l'examen que nous leur envoyons, en sorte qu'aucune considération étrangère à notre service ne détermine l'avis qui leur est demandé.

7. Il leur ajoutera qu'ils sont tenus, ainsi que nous l'exigeons d'eux, au secret le plus inviolable sur tout ce qui aura été agité et délibéré dans les assemblées, hors desquelles ils ne s'entretiendront pas de ce qui aura fait le sujet de leurs délibérations.

8. Le président du conseil en nommera ensuite un des membres pour être le rapporteur.

9. Celui qui devra être examiné au conseil, ou qui y sera appelé, s'y rendra lorsque le président

l'en aura fait avertir ; il répondra à toutes les interrogations qui lui seront faites, après avoir préalablement fait serment de dire vérité, et fournira tous les mémoires qui lui seront demandés.

10. Le conseil de marine verra si les commandans ont rempli, dans toute leur étendue, les instructions qui leur ont été données par nous ; s'ils n'ont pas usé, sans nécessité reconnue, du droit qui leur est conféré par l'art. 34, et s'ils se sont conformés à tout ce qui leur est prescrit par les lois et règlemens.

11. Le commandant d'une escadre rendra compte au conseil de la conduite de chacun des officiers généraux embarqués sous ses ordres, et de celle des capitaines commandant les vaisseaux et autres bâtimens qui la composaient ; et ceux-ci, lorsqu'ils seront appelés au conseil, de celle des officiers qui auront servi sous eux, et lesdits capitaines et officiers subalternes remettront leurs journaux au président du conseil, ainsi que les casernets des vaisseaux.

12. A l'égard des dépenses et consommations, les fonctions du conseil de marine, si les ordres particuliers de nous l'ont chargé de leur examen, seront de vérifier celles qui auront été faites ; et pour cet effet, il nommera deux de ses membres qui seront chargés de lui en faire le rapport.

13. Les délibérations du conseil de marine seront signées de tous les membres et à la pluralité des voix ; si les voix sont égales, l'avis dont sera le président sera prépondérant ; mais, en ce cas, nous ordonnons à ceux qui auront un avis différent, d'en exposer les motifs et de le signer au bas de la délibération, qui sera adressée par le président à notre ministre de la marine, pour nous être présentée, nous réservant ensuite de faire connaître nos intentions.

14. Le rapporteur du conseil portera sur un registre le résultat de l'examen qui aura été fait à chaque assemblée, et les délibérations.

15. Seront envoyés au ministre de la marine, les journaux, plans et mémoires des officiers dont la conduite aura été examinée au conseil de marine ; et nos ordres en conséquence desquels il aura été procédé audit examen, ainsi que le registre où seront portés les résultats et délibérations dudit conseil, resteront en dépôt dans les ports.

TITRE II. — *De la police et discipline.*

16. La police sur nos vaisseaux et sur nos autres bâtimens, sera exercée par les capitaines qui les commanderont, sous l'autorité des commandans des armées navales, escadres ou divisions.

17. Les officiers et autres embarqués, sont tenus d'avertir les capitaines, et ceux-ci leur commandant supérieur, des faits qui seront venus à leur connaissance, et qui seront de nature à être dénoncés.

18. Les commandans de nos bâtimens et officiers commandant le quart ou la garde, pourront prononcer contre les délinquans les peines de discipline portées au code pénal maritime ; le commandant de la garnison d'un bâtiment peut aussi prononcer la peine de discipline contre ceux qui la composent, à la charge par eux d'en rendre compte immédiatement au commandant du vaisseau, qui seul pourra prononcer sur la durée de la peine.

19. Aucune peine plus grave que celle des fers ne pourra être infligée dans l'absence du capitaine, et par d'autres que par lui.

20. Tout officier commandant une escadre ou division, peut suspendre de leur commandement et faire remplacer provisoirement les officiers commandant sous ses ordres, à la

charge d'en rendre compte au ministre de la marine et des colonies.

Il en sera de même pour les commandans particuliers de nos bâtimens, à l'égard des officiers employés sous leurs ordres, à la charge par lesdits commandans d'en rendre compte, soit au commandant de l'escadre ou division dont ils font partie, soit, s'ils ne font pas partie d'une escadre ou division, au préfet maritime de l'arrondissement dans lequel ils se trouveront, soit enfin au ministre de la marine, s'ils se trouvent dans un port étranger ou à la mer.

TITRE III. — *De la justice.*

SECTION PREMIÈRE. — *Du conseil de justice.*

21. Tout délit emportant peine de la cale ou de la bouline, sera jugé par un conseil de justice.

22. Le conseil de justice sera assemblé et présidé par le capitaine du vaisseau ou autre bâtiment sur lequel est embarqué le prévenu.

23. Le conseil de justice sera composé de cinq officiers, y compris le président, nommés, autant qu'il se pourra, parmi ceux embarqués à bord du bâtiment auquel appartient le prévenu.

24. L'affaire sera instruite oralement ; le jugement sera porté à la pluralité des voix.

Pourra le capitaine, suivant les circonstances, commuer la peine prononcée par le conseil de justice, en une peine plus légère d'un degré seulement.

25. L'agent comptable du bâtiment rédigera le jugement ; il y sera fait mention du délit, de ses circonstances et du nombre des voix qui auront déterminé le jugement.

26. Le jugement sera signé par tous les juges, quel qu'ait été leur avis.

27. Le capitaine ordonnera l'exécution du juge-

ment, en écrivant au bas : *Soit exécuté selon sa forme et teneur*, ou bien : *Soit commuée la peine portée au présent en celle de...... conformément à l'article...... du décret impérial du......*

28. Dans tous les cas où le capitaine ne serait pas commandant supérieur, il prendra les ordres de l'officier commandant en chef, soit en rade, soit à la mer, pour la tenue du conseil de justice et l'exécution du jugement.

29. Avant et au moment de l'exécution du jugement, il sera lu sur le pont, au condamné, par l'agent comptable du bâtiment, la garde sous les armes et l'équipage assemblé et en silence.

30. Il sera tenu, à bord de chaque bâtiment, un registre particulier des jugemens rendus par les conseils de justice.

31. S'il est résulté de l'examen d'une affaire portée devant le conseil de justice, que la peine encourue par le prévenu paraît au conseil devoir être plus grave que celle de la cale ou de la bouline, le conseil déclarera que l'objet passe sa compétence. Cette déclaration exprimera les motifs sur lesquels elle est fondée. Le prévenu sera détenu jusqu'à ce qu'il soit remis, avec ladite déclaration, à qui de droit, pour statuer s'il y a lieu à le traduire pardevant un conseil de guerre, qui jugera définitivement, quelque soit le mérite de la déclaration du conseil de justice.

SECTION II. — *Des conseils de guerre.*

32. Les crimes de désertion seront jugés par les conseils de guerre maritimes spéciaux, conformément aux décrets des 5 germinal et 1er floréal an XII.

33. Tous délits commis par les personnes embarquées sur nos vaisseaux et autres de nos bâtimens, sur le jugement desquels il n'est pas pourvu par les dispositions ci-dessus, se-

ront jugés par un conseil de guerre.

34. Dans les cas de crimes de lâcheté devant l'ennemi, de rebellion ou de sédition, ou tous autres crimes commis dans quelque danger pressant, le commandant, sous sa responsabilité, pourra punir ou faire punir, sans formalité, les coupables, suivant l'exigence des cas.

Toutefois, ledit commandant sera tenu de dresser procès-verbal de l'événement, et de justifier devant le conseil de marine, conformément aux dispositions de l'article 10 du titre Ier, de la nécessité où il s'est trouvé de faire usage de la faculté à lui donnée par le présent article.

35. Aucun officier, ou autre ayant rang d'officier, ne sera traduit au conseil de guerre sans nos ordres. Devront cependant les préfets maritimes, ou tout commandant en chef de nos forces navales, ou commandant supérieur dans un port, faire arrêter les officiers qui auront commis un délit, faire entendre les témoins, dans les cas qui exigent célérité, pour constater la vérité des faits, à la charge d'en informer aussitôt le ministre de la marine et des colonies pour recevoir nos ordres.

36. Si l'accusé n'est pas officier, ou n'a pas rang d'officier, le conseil de guerre sera convoqué, soit par le commmandant de l'armée navale, escadre ou division dont il fera partie, soit par le préfet maritime de l'arrondissement, si ledit accusé est embarqué sur un bâtiment soumis à l'autorité du préfet.

37. Si un de nos bâtimens navigue isolément, ou s'il ne se trouve pas dans l'escadre ou division dont il ferait partie, un nombre suffisant d'officiers du grade requis pour former un conseil de guerre, le commandant fera arrêter et détenir le prévenu. Il sera dressé procès-verbal du délit et de la déposition des témoins ; toutes les

pièces de conviction seront recueillies ; le tout sera remis, à la première occasion, ainsi que le prévenu, à la disposition d'un préfet maritime ou d'un commandant de nos forces navales, pour être procédé, s'il y a lieu, ainsi qu'il sera dit ci-après.

38. Les attributions concernant les conseils de guerre, conférées par le présent décret à nos préfets maritimes, le sont également à nos capitaines généraux dans les colonies.

SETTION III.—*De la composition des conseils de guerre.*

39. Le conseil de guerre sera composé de huit juges au moins, y compris le président ; ils seront âgés de 25 ans accomplis et nommés parmi les officiers généraux et les plus anciens capitaines de vaisseau ou de frégate.

40. Si c'est un officier ou tout autre ayant rang d'officier qui est traduit au conseil de guerre, les juges seront nommés par nous.

Si le prévenu est tout autre qu'un officier, ils seront nommés, soit par le préfet maritime, soit par le commandant en chef de nos forces navales, selon que le conseil aura dû être convoqué par l'un ou par l'autre.

41. Il y aura près chaque conseil de guerre un rapporteur qui remplira les fonctions de notre procureur ; il devra être âgé de 25 ans accomplis.

Ce rapporteur sera nommé par nous, si c'est un officier qui est traduit au conseil de guerre.

Si le prévenu est autre qu'un officier, le rapporteur sera nommé, soit par le préfet maritime, soit par le commandant en chef de nos forces navales, selon que le conseil, conformément à l'art. 36, aura dû être convoqué par l'un ou par l'autre.

42. Les fonctions de greffier seront remplies par le greffier du tribunal maritime de l'arrondissement, et, à défaut, par un greffier nommé d'office.

SECTION IV. — *De la forme de procéder dans les conseils de guerre.*

43. Le rapporteur, après avoir reçu la plainte, recevra la déposition des témoins ; s'il y a des preuves matérielles du délit, il les constatera. Les témoins signeront leurs déclarations ; s'ils ne savent signer, il en sera fait mention.

Dans le cas où les témoins refuseraient de déposer ou de signer leur déposition, il sera passé outre à l'interrogatoire du prévenu.

44. Pour l'information comme pour le reste de la procédure, jusqu'au jugement définitif, le rapporteur se fera aider du greffier.

Le greffier rédigera le procès-verbal de chaque séance.

45. Après avoir constaté le corps et les circonstances du délit, et reçu la déposition des témoins, le rapporteur interrogera le prévenu sur ses nom, prénoms, âge, lieu de naissance, profession et domicile, et sur les circonstances du délit ; s'il y a des preuves matérielles du délit, elles seront représentées au prévenu pour qu'il ait à déclarer s'il les reconnaît.

46. S'il y a plusieurs prévenus du même délit, chacun d'eux sera interrogé séparément.

47. L'interrogatoire fini, il en sera donné lecture au prévenu, afin qu'il déclare si ses réponses ont été fidèlement transcrites, si elles contiennent vérité, et s'il y persiste, auquel cas il signera ; s'il ne peut ou ne veut signer, il en sera fait mention, et l'interrogatoire sera clos par la signature du rapporteur et celle du greffier. Il sera pareillement donné lecture au prévenu du procès-verbal d'information.

48. Les interrogatoires et réponses de prévenus du même délit seront inscrits sur un seul et mê-

ne procès-verbal, et séparés seulement par leurs signatures et celles du rapporteur et du greffier.

49. Après avoir clos l'interrogatoire, le rapporteur dira au prévenu de faire choix d'un défenseur.

Le prévenu aura la faculté de choisir ce défenseur dans toutes les classes de citoyens présens sur les lieux ; s'il déclare qu'il ne peut faire ce choix, le rapporteur le fera pour lui.

50. Dans aucun cas, le défenseur ne pourra retarder la convocation du conseil de guerre.

51. Il sera donné au défenseur communication du procès-verbal d'information, de l'interrogatoire subi par le prévenu et de toutes les pièces tant à charge qu'à décharge envers ledit prévenu.

52. Le rapporteur rendra, sans délai, compte de la procédure à l'officier général commandant l'armée navale, l'escadre ou division, ou au préfet maritime, si c'est ce dernier qui a donné ordre d'assembler le conseil de guerre.

Le conseil de guerre sera aussitôt convoqué.

53. Les juges qui devront composer le conseil de guerre se rendront au lieu destiné à cet effet, à l'heure de la matinée qui aura été prescrite la veille par le président ; ils devront être en grand uniforme.

54. Les séances du conseil de guerre seront publiques, mais le nombre des spectateurs ne pourra excéder le triple de celui des juges ; ils ne pourront entrer avec armes, cannes ni bâtons ; il s'y tiendront chapeau bas, et en silence ; et si quelqu'un d'entre eux s'écartait du respect dû au tribunal, le président pourra le reprendre et le condamner à garder prison jusqu'au terme de quinze jours, suivant la gravité du fait.

55. Le conseil étant assemblé, le président fera apporter et déposer devant lui, sur le bureau, un exemplaire de la loi ; le

procès-verbal fera mention de cette formalité indispensable. Il demandera ensuite la lecture de l'acte d'information et celle des pièces à charge comme à décharge envers le prévenu.

56. Lecture faite du procès-verbal et des pièces, le président ordonnera que l'accusé soit amené devant le conseil ; l'accusé paraîtra devant ses juges, libre et sans fers, accompagné de son défenseur ; l'escorte restera en dehors de la salle du conseil, ou elle y sera introduite, selon que le président en ordonnera.

57. Le président interrogera l'accusé, lequel répondra par lui ou par son défenseur, excepté sur les questions auxquelles il sera interpellé de répondre personnellement.

Les membres du conseil pourront faire des questions à l'accusé.

58. Si la partie plaignante se présente au conseil, elle y sera admise et entendue ; elle pourra faire ses observations, auxquelles l'accusé répondra ou son défenseur pour lui.

59. Les témoins seront introduits ; ils seront nommés et désignés l'un après l'autre par leurs nom, prénoms, âge, profession et domicile. Le président leur ordonnera de prêter le serment de dire la vérité ; ce qu'ils seront tenus de faire, en levant la main, et en disant : *Je le jure.*

60. Il sera libre aux accusés ou à leur conseil, non seulement de proposer les motifs de récusation qu'ils peuvent avoir contre le témoin, mais encore de faire telles observations qu'ils jugeront à propos sur son témoignage, même de demander au président de proposer, pour l'éclaircissement des faits, telles questions qu'ils voudront, et auxquelles le témoin sera tenu de répondre, si le président juge convenable de l'interpeller.

61. Le rapporteur et les juges pourront ensuite demander successivement au témoin les explications

dont ils croiront sa déposition susceptible.

62. Les témoins ayant été tous entendus et examinés l'un après l'autre, dans une ou plusieurs séances, suivant l'exigence des cas, le rapporteur établira le mérite de la plainte par les divers témoignages qu'il résumera. Il concluera, s'il y a lieu, à ce que l'accusé soit déclaré coupable et condamné à la peine que la loi prononce pour son délit.

63. L'accusé ou les accusés pourront, soit par eux-mêmes, soit par l'organe de leur conseil, proposer leurs moyens de justification, de défense ou d'atténuation. Il sera libre au rapporteur de reprendre la parole après les accusés, et ceux-ci seront les maîtres de lui répondre à leur tour, mais les plaidoiries ne s'étendront pas plus il ne sera jamais accordé de duplique.

64. Lorsque l'accusé ou les accusés produiront des témoins présens sur les lieux, soit à l'appui des moyens de récusation qu'ils auront proposés contre les témoins du plaignant, soit pour établir des faits tendant à leur justification ou à leur décharge, on ne pourra pas leur refuser d'entendre les témoins.

65. Les mêmes formalités seront observées, tant pour l'audition et l'examen des témoins produits par les accusés, que pour l'audition et l'examen des témoins produits par le plaignant.

66. Toutes les dispositions ci-dessus étant remplies, le président demandera à l'accusé s'il n'a rien à ajouter à sa défense; il fera la même question au défenseur, et, après les avoir entendus, il demandera aux membres du conseil s'ils ont des observations à faire; s'ils déclarent à la majorité des voix que la cause est instruite, il ordonnera que le défenseur se retire, et que l'accusé soit reconduit en prison.

67. Les membres du conseil opineront à huit-

clos et sans désemparer. Le président recueillera les voix, en commençant par le grade inférieur ; il émettra son opinion le dernier.

68. Celui qui opinera ôtera son chapeau, et dira à voix haute, que trouvant l'accusé convaincu, il le condamne à telle peine ordonnée pour tel crime, ou que le jugeant innocent, il le renvoie absous.

69. Les jugemens seront rendus à la majorité absolue des voix. En cas de partage, l'avis le plus doux prévaudra. A mesure que chaque juge donnera son avis, il l'écrira au bas des conclusions, et signera.

70. L'accusé étant jugé, le président fera dresser le jugement ; tous les juges signeront au bas, quand bien même ils auraient été d'avis différent de celui qui aura prévalu, et il en sera envoyé une expédition au ministre de la marine et des colonies.

71. Après que les juges auront signé le jugement, les portes du conseil s'ouvriront, et le président prononcera le jugement en présence de l'auditoire.

72. Le jugement ainsi prononcé, le président ordonnera au rapporteur de faire ses diligences pour qu'il soit mis de suite à exécution.

73. Le greffier se transportera immédiatement à la prison, où il donnera lecture du jugement aux accusés. Le procès-verbal de la lecture sera écrit au bas du jugement, et signé seulement du greffier.

74. Les jugemens rendus par un conseil de guerre, seront exécutés dans les vingt-quatre heures, à moins d'un ordre contraire émané de nous, et le greffier assistera et veillera aux exécutions, dont il dressera procès-verbal au bas du jugement.

75. Sont toutefois autorisés, les capitaines généraux de nos colonies, et les commandans en chef de nos forces navales, à la mer seulement, dans les pays étrangers ou dans les colonies, à surseoir, lorsqu'ils le jugeront à propos,

à l'exécution des jugemens entraînant la mort civile ou naturelle. Il leur est prescrit de ne faire usage de cette faculté que dans des circonstances qui leur paraîtront de nature à appeler notre clémence sur les condamnés ; et, dans tous les cas, ils en rendront compte immédiatement au ministre de la marine et des colonies, qui prendra nos ordres.

76. La connaissance des crimes et délits commis contre les habitans par les officiers, matelots et soldats, appartiendra aux juges des lieux ; et les conseils de guerre ne connaîtront que de ceux qui seront commis contre notre service, ou entre les officiers, matelots et soldats ;

même en ce cas, si aucuns des coupables sont emprisonnés de l'autorité des juges, nous défendons aux préfets maritimes et commandans de nos forces navales, de les retirer ou faire retirer de prison ; ils pourront cependant requérir les juges de les leur remettre ; et, en cas de refus, ils se pourvoiront par devers nous.

77. Toutes dispositions contraires au présent décret sont et demeurent abrogées.

78. Notre ministre de la marine et des colonies est chargé de l'exécution du présent décret.

Signé : NAPOLÉON.

Par l'empereur : *le secrétaire d'Etat, signé :*
Hugues B. MARET.

DÉCRET IMPÉRIAL

Contenant création et organisation de Tribunaux maritimes.

Au quartier impérial de Berlin, le 12 novembre 1806.

NAPOLÉON, par la grâce de Dieu et les constitutions de la république, empereur des Français ;

Sur le rapport de notre ministre de la marine et des colonies ;

Notre conseil d'Etat entendu ;

Nous avons décrété et décrétons ce qui suit :

TITRE PREMIER. — *Organisation des tribunaux maritimes.*

Art. 1er. Les cours martiales maritimes établies dans les ports de Brest, Toulon, Rochefort et Lorient, sont supprimées ; elles seront remplacées par des tribunaux maritimes.

2. Les tribunaux maritimes seront composés de huit juges, y compris le président, d'un commissaire rapporteur et d'un greffier. Nul ne pourra être membre de ces tribunaux, s'il n'est âgé de 25 ans accomplis.

3. Le président sera un des contre-amiraux présens dans le port, et, à défaut de contre-amiraux, l'officier le plus élevé en grade et le plus ancien. Dans l'un et l'autre cas, il sera désigné par le préfet maritime.

4. Les juges seront deux capitaines de vaisseau, deux commissaires de marine, un ingénieur de la marine et deux membres du tribunal de première instance de l'arrondissement.

5. Les capitaines de vaisseau, commissaires et ingénieurs de marine présens dans le port, siégeront à tour de rôle, et par rang d'ancienneté, dans le tribunal ; ils seront convoqués à cet effet par le préfet maritime ; en son absence, par celui qui le remplace dans ses fonctions. A défaut de capitaines de vaisseau, il sera pris des capitaines de frégate ; à défaut de commissaires de marine, des sous-commissaires ; et à défaut d'ingénieurs, des sous-ingénieurs ; le tout dans le même ordre et d'après la même convocation réglée ci-dessus. Les juges des tribunaux de première instance, à leur défaut, les suppléans, suivant l'ordre du tableau, et à défaut de

ceux-ci, des gradués, suivant le même ordre, seront appelés à prendre séance au tribunal maritime, d'après la demande officielle qui en sera faite au président par le chef du service de la marine.

6. Le commissaire rapporteur est nommé par l'empereur ; les conditions de son éligibilité seront les mêmes que celles exigées pour les procureurs généraux impériaux près les cours de justice criminelle.

7. Le greffier est à la nomination de l'empereur. Les commissaires auditeurs actuellement en service continueront près les tribunaux maritimes, les fonctions de commissaires rapporteurs ; il en sera de même des greffiers actuels.

8. Les fonctions du commissaire-rapporteur et du greffier sont permanentes.

9. Les tribunaux maritimes seront dissous dès qu'ils auront prononcé sur le délit pour le jugement duquel ils auront été convoqués.

TITRE II. — *Compétence des tribunaux maritimes.*

10. Ces tribunaux connaîtront de tous les délits commis dans les ports et arsenaux, qui seront relatifs soit à leur police ou sûreté, soit au service maritime.

11. Ils connaîtront de ces délits à l'égard de tous ceux qui en seraient auteurs, fauteurs ou complices, encore qu'ils ne fussent pas gens de guerre ou attachés au service de la marine.

12. Les équipages des bâtimens en armement seront de même soumis à leur juridiction pour les délits relatifs au service maritime, commis jusqu'au moment de la mise en rade, et, au désarmement, depuis la rentrée dans le port jusqu'au licenciement de l'équipage.

13. Dans le cas où les délits commis dans les ports et arsenaux, ne seront relatifs ni à la police

ni à la sûreté desdits ports et arsenaux, ni au service maritime, les prévenus seront renvoyés devant les tribunaux qui en doivent connaître.

TITRE III. — *De la forme de procéder.*

14. Lorsqu'un délit de la compétence du tribunal maritime aura été commis, le commissaire-rapporteur, soit sur la plainte qui lui en sera portée, soit d'office, dressera procès-verbal du corps du délit ; s'il y a lieu ; il entendra les témoins qui lui seront indiqués comme ayant ou qu'il jugera avoir connaissance des faits. Les témoins signeront leurs déclarations ; s'ils ne savent ou ne veulent signer, il en sera fait mention.

Si les témoins présentent des pièces de conviction, il les paraphera et les fera parapher par les témoins ; et s'ils ne le savent ou ne le veulent, il en fera mention.

Si les pièces de conviction ne sont pas susceptibles de recevoir des caractères d'écriture, le commissaire-rapporteur y attachera une bande de papier qu'il scellera de son sceau, et qu'il paraphera et fera parapher ainsi qu'il vient d'être dit.

Si les témoins qu'il aura fait citer refusent de comparaître, il décernera contre eux un mandat d'amener, en vertu duquel ils seront conduits devant lui par la force publique.

Si, comparaissant ou amenés devant lui, les témoins refusent de déposer, il décernera contre eux un mandat d'arrêt, en vertu duquel ils seront traduits devant le tribunal maritime, et condamnés aux peines portées par la loi du 11 prairial an IV.

15. Pour l'information, comme pour le reste de la procédure jusqu'au jugement définitif, le rapporteur se fera aider du greffier.

16. Après avoir constaté le corps et les circonstances du délit, et reçu la dépo-

sition des témoins, le rapporteur interrogera le prévenu sur ses nom, prénoms, âge, lieu de naissance, profession et domicile, et sur les circonstances du délit; s'il y a des preuves matérielles du délit, elles seront représentées au prévenu, pour qu'il ait à déclarer s'il les reconnaît, et qu'il les paraphe ainsi qu'il est expliqué par l'art. 14.

17. S'il y a plusieurs prévenus du même délit, chacun d'eux sera interrogé séparément.

18. L'interrogatoire fini, il en sera donné lecture au prévenu, afin qu'il déclare si ses réponses ont été fidèlement transcrites, si elles contiennent vérité, et s'il y persiste, auquel cas il signera; s'il ne peut ou ne veut signer, il en sera fait mention, et l'interrogatoire sera clos par la signature du rapporteur et celle du greffier; il sera pareillement donné lecture au prévenu du procès-verbal d'information.

19. Les interrogatoires et réponses des prévenus du même délit seront inscrits de suite sur un seul et même procès-verbal, et séparés seulement par leurs signatures et celles du rapporteur et du greffier.

20. Après avoir clos l'interrogatoire, le rapporteur dira au prévenu de faire choix d'un défenseur.

Le prévenu aura la faculté de choisir ce défenseur dans toutes les classes des citoyens présens sur les lieux; s'il déclare qu'il ne peut faire ce choix, le rapporteur le fera pour lui.

21. Dans aucun cas, le défenseur ne pourra retarder la convocation du tribunal maritime.

22. Il sera donné au défenseur communication du procès-verbal d'information, de l'interrogatoire subi par le prévenu, et de toutes les pièces tant à charge qu'à décharge envers ledit prévenu.

23. Le rapporteur rendra, sans délai, compte de la procédure au préfet maritime, qui ordonnera aus-

sitôt la convocation du tribunal.

24. Les juges qui devront composer le tribunal se rendront au lieu destiné à cet effet, à l'heure de la matinée qui aura été prescrite la veille par le président.

25. Les séances du tribunal seront publiques, mais le nombre des spectateurs ne pourra excéder le triple de celui des juges ; ils ne pourront entrer avec armes, cannes ni bâtons ; ils s'y tiendront chapeau bas et en silence ; et si quelqu'un d'entre eux s'écartait du respect dû au tribunal, le président pourra le reprendre, et le condamner à garder prison jusqu'au terme de quinze jours, suivant la gravité du fait.

26. Le tribunal étant assemblé, le président fera apporter et déposer devant lui, sur le bureau, un exemplaire de la loi ; le procès-verbal fera mention de cette formalité indispensable. Il demandera ensuite au rapporteur la lecture du procès-verbal d'information, et celle des pièces à charge comme à décharge envers le prévenu.

27. Lecture faite du procès-verbal et des pièces, le président ordonnera que l'accusé soit amené devant le tribunal ; l'accusé paraîtra devant ses juges, libre et sans fers, accompagné de son défenseur ; l'escorte restera en dehors de la salle du tribunal, ou elle y sera introduite, selon que le président en ordonnera.

28. Le président interrogera l'accusé, lequel répondra par lui et par son défenseur, excepté sur les questions auxquelles il sera interpellé de répondre personnellement.

Les membres du tribunal pourront faire des questions à l'accusé.

29. Les témoins seront introduits ; ils seront nommés et désignés l'un après l'autre par leur nom, prénoms, âge, état, profession et domicile. Le président leur ordonnera de prêter le serment de dire la vé-

rité ; ce qu'ils seront tenus de faire, en levant la main, et en disant : *Je le jure*.

30. Il sera libre aux accusés, ou à leur conseil, non seulement de proposer les motifs de reproches qu'ils peuvent avoir contre le témoin, mais encore de faire telles observations qu'ils jugeront à propos sur son témoignage, même de demander au président de proposer, pour l'éclaircissement des faits, telles questions qu'ils voudront, et auxquelles le témoin sera tenu de répondre, si le président juge convenable de l'interpeller.

31. Le rapporteur et les juges pourront ensuite demander successivement au témoin les explications dont ils croiront sa déposition susceptible.

32. Les témoins ayant été tous entendus et examinés, l'un après l'autre, dans une ou plusieurs séances, suivant l'exigence des cas, le rapporteur établira le mérite de l'accusation par les divers témoignages et autres preuves qu'il résumera. Il concluera, s'il y a lieu, à ce que l'accusé soit déclaré coupable, et condamné à la peine que la loi prononce pour son délit.

33. L'accusé ou les accusés pourront, soit par eux-mêmes, soit par l'organe de leur conseil, proposer leurs moyens de justification, de défense ou d'atténuation. Il sera libre au rapporteur de reprendre la parole après les accusés, et ceux-ci seront les maîtres de lui répondre à leur tour ; mais les plaidoiries ne s'étendront pas plus loin, et il ne sera jamais accordé de duplique.

34. Lorsque l'accusé ou les accusés produiront des témoins présens, soit à l'appui des moyens de reproches qu'ils auront proposés contre les témoins à charge, soit pour établir des faits tendant à leur justification ou à leur décharge, on ne pourra pas leur refuser d'entendre ces témoins.

35. Les mêmes formalités seront observées, tant

pour l'audition et l'examen des témoins produits par les accusés, que pour l'audition et l'examen des témoins produits par le plaignant, ou d'office par le commissaire-rapporteur.

36. Si la partie plaignante se présente au conseil, elle y sera admise ; elle pourra faire ses observations, auxquelles l'accusé répondra, ou son défenseur pour lui.

37. Le greffier rédigera le procès-verbal de chaque séance, de manière qu'il puisse servir à constater l'accomplissement ou l'inobservation de chacune des formalités qui doivent avoir lieu dans le cours de l'instruction, pour assurer la régularité du jugement.

38. Toutes les formalités prescrites ci-dessus étant remplies, le président demandera à l'accusé s'il n'a rien à ajouter à sa défense ; il fera la même question au défenseur ; et, après les avoir entendus, il demandera aux membres du tribunal s'ils ont des observations à faire ; s'ils déclarent, à la majorité des voix, que la cause est instruite, il ordonnera que le défenseur se retire, et que l'accusé soit reconduit en prison.

39. Les membres du tribunal pourront, s'ils le jugent à propos, se retirer dans une salle voisine pour délibérer. Le président recueillera les voix, en commençant par le grade inférieur ; il émettra son opinion le dernier.

40. Les jugemens seront rendus à la majorité absolue des voix.

En cas de partage, l'avis le plus doux prévaudra.

41. L'accusé étant jugé, le président fera dresser le jugement ; tous les juges signeront au bas, quand bien même ils auraient été d'avis différent de celui qui aura prévalu ; et il sera envoyé une expédition au ministre de la marine et des colonies.

42. Après que les juges auront signé le jugement, les portes du tribunal s'ouvriront, et le président pro-

noncera le jugement en présence de l'auditoire.

43. Le jugement ainsi prononcé, le président ordonnera au rapporteur de faire ses diligences pour qu'il soit mis de suite à exécution.

44. Le greffier se transportera immédiatement à la prison, où il donnera lecture du jugement aux accusés, et les préviendra qu'ils ont vingt-quatre-heures pour se pourvoir en révision. Le procès-verbal de la lecture sera écrit au bas du jugement, et signé seulement du greffier.

45. Les jugemens rendus par les tribunaux maritimes seront exécutés dans les vingt-quatre heures à moins du recours en révision, ainsi qu'il le sera dit au titre VI ci-après, ou d'un ordre contraire émané de nous.

Le greffier assistera et veillera aux exécutions, dont il dressera procès-verbal au bas du jugement.

46. Les pièces de toutes les procédures instruites, et les minutes des jumens rendus en conséquence, seront remises par le commissaire-rapporteur au greffe de la marine.

47. Les minutes des jugemens seront inscrites sur un registre qui sera déposé, à la fin de chaque année, au bureau de l'inscription de la marine, pour y avoir recours en cas de besoin.

48. Le commissaire-rapporteur sera tenu d'adresser au ministre de la marine les copies certifiées de tous les jugemens rendus par le tribunal.

TITRE IV. — *Des contumaces.*

49. Lorsqu'un accusé n'aura pu être arrêté ni constitué prisonnier, il sera déclaré contumax, et la procédure sera instruite contre lui, à la diligence du commissaire-rapporteur, conformément aux dispositions du titre IX du code des délits et des peines, du 3 brumaire, an IV.

TITRE V.—*Des délits et des peines.*

50. Les tribunaux maritimes se conformeront, quant aux délits et aux peines, aux dispositions des titres II et III de la loi du 20 septembre 1791, sur l'organisation des cours martiales maritimes.

Les délits non prévus par cette loi seront punis conformément aux lois pénales suivies par les tribunaux criminels ordinaires.

TITRE VI.—*De la révision.*

51. Les jugemens rendus par les tribunaux maritimes ne peuvent être soumis à la révision.

52. La révision ne doit être ordonnée que lorsqu'il y a violation des formes prescrites, ou fausse application des lois pénales.

53. Le recours en révision peut être exercé, soit par le commissaire-rapporteur, soit par l'accusé ou son défenseur. Il doit avoir lieu dans les vingt-quatre heures qui suivront la prononciation du jugement

54. Pour décider s'il y a lieu d'admettre ou de rejeter le recours en révision, il sera formé un conseil composé du préfet maritime, du chef militaire, du chef d'administration, du président et du procureur impérial près le tribunal de première instance ; et , en leur absence, par ceux qui les remplacent dans leurs fonctions.

Ils se réuniront à la préfecture maritime.

Les pièces de la procédure leur seront remises ; ils examineront , dans les vingt-quatre heures , si le jugement est conforme aux lois, tant pour la forme que pour l'application de la peine.

55. Si ces officiers et magistrats décident que le jugement a été rendu dans les formes déterminées par la loi , et que la peine est conforme aux dispositions qu'elle prescrit, ils approuveront le jugement, le si-

gneront, et il sera exécuté dans les vingt-quatre heures.

56. S'ils prononcent à la majorité des voix que le jugement a été illégalement rendu, ils en ordonneront la révision, fondée sur l'article de la loi dont ils rapporteront le texte dans le procès-verbal.

57. Dans ce cas, le préfet maritime sera tenu de convoquer sur-le-champ un autre tribunal.

Ce tribunal sera composé d'un nouveau président et de nouveaux juges, en se conformant aux art. 2, 3, 4 et 5 du titre 1er.

Le commissaire-rapporteur et le greffier seront les mêmes que près le tribunal maritime.

58. Il sera procédé, sans délai, au nouveau jugement.

TITRE VII.—*Dispositions relatives aux autres ports de l'empire non compris dans l'article premier.*

59. Dans les ports et arsenaux de marine non désignés dans l'article premier, il sera lorsque le cas le requerra, établi un tribunal maritime. Ce tribunal sera composé conformément aux dispositions du titre 1er du présent décret.

60. Dans ceux desdits ports où il n'y aurait pas de préfet maritime, les fonctions qui lui sont attribuées par le présent décret, seront remplies par le chef du service de la marine.

61. Il désignera le président parmi les officiers militaires les plus élevés en grade, présens dans le port.

62. Dans le cas où le nombre des juges à prendre parmi les officiers militaires et d'administration, ne pourra être rempli conformément aux dispositions de l'art. 4, il sera pourvu à leur remplacement par des officiers militaires et d'administration d'un grade inférieur à celui désigné dans ledit article, mais néanmoins supérieur ou au moins égal à celui du prévenu ; et, à défaut de ces officiers, par des

gradués pris dans l'ordre du tableau, dans le lieu où se tiendra le tribunal.

63. Les fonctions de commissaire-rapporteur seront remplies par le procureur impérial du tribunal de première instance de l'arrondissement, ou, s'il en est empêché, par le substitut-magistrat de sûreté du même arrondissement.

64. Un commis de la marine, nommé par le chef du service, remplira les fonctions de greffier.

65. Les dispositions des art. 51, 52, 53, 54, 55, 56, 57 et 58 du titre VI, seront applicables aux jugemens rendus par ces tribunaux ; en conséquence, pour prononcer sur l'admission ou le rejet du recours en révision, il sera formé un conseil composé du chef du service de la marine, des deux officiers militaires et civils les plus élevés en grade, du président et du procureur impérial près le tribunal de première instance de l'arrondissement.

Signé : NAPOLÉON.

Par l'empereur : *le secrétaire d'Etat,*

signé : Hugues B. MARET.

GARDE NATIONALE

—

CODE PÉNAL

ciers supérieurs et officiers d'état-major sera composé de sept juges, savoir : d'un chef de légion, président ; de deux chefs de bataillon, deux capitaines, et deux lieutenans ou sous-lieutenans.

24. Lorsqu'une compagnie sera formée des gardes nationaux de plusieurs communes, le conseil de discipline siégera dans la commune la plus populeuse.

25. Dans le cas où le prévenu serait officier, deux officiers du grade du prévenu entreront dans le conseil de discipline, et remplaceront les deux derniers membres.

26. S'il n'y a pas dans la commune deux officiers du grade du prévenu, le sous-préfet les désignera par la voie du sort parmi ceux du canton, et, s'il ne s'en trouve pas dans le canton, parmi ceux de l'arrondissement.

27. S'il s'agit de juger un chef de bataillon, le préfet désignera par la voie du sort deux chefs de bataillon des cantons ou des arrondissemens circonvoisins

28. Il y aura par conseil de discipline de bataillon ou de légion un rapporteur ayant rang de capitaine ou de lieutenant, et un secrétaire ayant rang de lieutenant ou de sous-lieutenant.

29. Dans les villes où il se trouvera plusieurs légions, il y aura par conseil de discipline un rapporteur-adjoint et un secrétaire-adjoint, du grade inférieur à celui du rapporteur et du secrétaire.

30. Lorsque la garde nationale d'une commune ne formera qu'une ou plusieurs compagnies non réunies en bataillon, un officier ou un sous-officier remplira les fonctions de rapporteur, et un sous-officier celles de secrétaire du conseil de discipline.

31. Le sous-préfet choisira l'officier ou les sous-officiers, rapporteurs et secrétaires du conseil de discipline, sur des listes de trois candidats désignés

par le chef de légion, ou, s'il n'y a pas de légion, par le chef de bataillon.

32. Dans les communes où il n'y a pas de bataillon, des listes de candidats seront dressées par le plus ancien capitaine.

33. Les rapporteurs, rapporteurs-adjoints, secrétaires et secrétaires-adjoints seront nommés pour trois ans ; ils pourront être réélus.

34. Le préfet, sur le rapport des maires et des chefs de corps, pourra les révoquer ; il sera, dans ce cas, procédé immédiatement à leur remplacement par le mode de nomination ci-dessus indiqué.

35. Les conseils de discipline sont permanens ; ils ne pourront juger que lorsque cinq membres au moins seront présens dans les conseils de bataillon et de légion, et trois membres au moins dans les conseils de compagnie. Les juges seront renouvelés tous les quatre mois. Néanmoins, lorsqu'il n'y aura pas d'officier du même grade que le président ou les juges du conseil de discipline, ceux-ci ne seront pas remplacés.

36. Le président du conseil de recensement, assisté du chef de bataillon, ou du capitaine commandant, si les compagnies ne sont pas réunies en bataillon, formera, d'après le contrôle du service ordinaire, un tableau général, par grade et par rang d'âge, de tous les officiers, sous-officiers et caporaux, et d'un nombre double de gardes nationaux de chaque bataillon, ou des compagnies de la commune ou de la compagnie formée de plusieurs communes.

37. Ils déposeront ce tableau, signé par eux, au lieu des séances des conseils de discipline, où chaque garde national pourra en prendre connaissance.

38. Lorsque la garde nationale d'une commune ou d'un canton n'aura qu'un seul conseil de discipline, les gardes nationaux faisant partie des corps d'artillerie, de sapeurs-pom-

piers et de cavalerie, seront justiciables de ce conseil.

39. S'il y a plusieurs bataillons dans le même canton, les gardes nationaux ci-dessus désignés seront justiciables du même conseil de discipline que les compagnies de leur commune.

40. S'il y a plusieurs bataillons dans la même commune, le préfet déterminera de quels conseils de descipline les mêmes gardes nationaux seront justiciables.

41. Dans ces trois cas, les officiers, sous-officiers, caporaux et gardes des corps ci-dessus désignés, concourront pour la formation du tableau du conseil de discipline.

42. Lorsqu'en vertu d'une ordonnance du roi, les corps d'artillerie et de cavalerie seront réunis en légion, ils auront un conseil de discipline particulier.

43. Les juges de chaque grade ou gardes nationaux seront pris successivement d'après l'ordre de leur inscription au tableau.

44. Tout garde national qui aura été condamné trois fois par le conseil de discipline, ou une fois par le tribunal de police correctionnelle, sera rayé pour une année du tableau servant à former le conseil de discipline.

45. Toute réclamation pour être réintégré sur le tableau, ou pour en faire rayer un garde national, sera portée devant le jury de révision.

§ III. — *De l'instruction et des jugemens.*

46. Le conseil de discipline sera saisi, par le renvoi que lui fera le chef de corps, de tous rapports ou procès-verbaux, ou plaintes, constatant les faits qui peuvent donner lieu au jugement de ce conseil.

47. Les plaintes, rapports et procès-verbaux seront adressés à l'officier rapporteur, qui fera citer le prévenu à la plus pro-

chaine des séances du conseil.

Le secrétaire enregistrera les pièces ci-dessus.

La citation sera portée à domicile par un agent de la force publique.

48. Les rapports, procès-verbaux ou plaintes constatant des faits qui donneraient lieu à la mise en jugement, devant le conseil de discipline, du commandant de la garde nationale d'une commune, seront adressés au maire, qui en référera au sous-préfet. Celui-ci procédera à la composition du conseil de discipline, conformément à l'art. 100.

49. Le président du conseil convoquera les membres sur la réquisition de l'officier rapporteur toutes les fois que le nombre et l'urgence des affaires lui paraîtront l'exiger.

50. En cas d'absence, tout membre du conseil de discipline non valablement excusé sera condamné à une amende de cinq francs par le conseil de discipline, et il sera remplacé par l'officier, sous-officier, caporal ou garde national, qui devra être appelé immédiatement après lui.

51. Dans les conseils de discipline des bataillons cantonaux, le juge absent sera remplacé par l'officier, sous-officier, caporal ou garde national du lieu où siége le conseil, qui devra être appelé d'après l'ordre du tableau.

52. Le garde national cité comparaîtra en personne ou par un fondé de pouvoir.

Il pourra être assisté d'un conseil

Discipline.

53. Lorsque, conformément à l'art. 127, la garde nationale devra fournir des détachemeus en service ordinaire, sur la réquisition du sous-préfet, du préfet, ou en vertu d'une ordonnance du roi, les peines de discipline se seront fixées ainsi qu'il suit :

Pour les officiers :

1° Les arrêts simples, pour dix jours au plus ;

2° La réprimande avec mise à l'ordre ;

3° Les arrêts de rigueur, pour six jours au plus ;

4° La prison, pour trois jours au plus ;

Pour les sous-officiers, caporaux et soldats :

1° La consigne, pour dix jours au plus ;

2° La réprimande avec mise à l'ordre ;

3° La salle de discipline, pour six jours au plus ;

4° La prison, pour quatre jours au plus.

54. Les peines des arrêts de rigueur, de la prison et de la réprimande avec mise à l'ordre, ne pourront être infligées que par le chef du corps : les autres peines pourront l'être par tout supérieur à son inférieur, à la charge d'en rendre compte dans les vingt-quatre heures, en observant la hiérarchie des grades.

55. La privation du grade, pour les causes énoncées dans les art. 90 et 93, sera prononcée par un conseil de discipline composé ainsi qu'il est dit à la section VIII du titre III

56. Il n'y aura qu'un seul conseil de discipline pour tous les détachemens formés d'un même arrondissement de sous-préfecture.

57. Tout garde national désigné pour faire partie d'un détachement, qui refusera d'obtempérer à la réquisition, ou qui quittera le détachement sans autorisation, sera traduit en police correctionnelle et puni d'un emprisonnement qui ne pourra excéder un mois ; s'il est officier, sous-officier ou caporal, il sera en outre privé de son grade.

Dispositions communes aux deux titres précédens.

58. Les gardes nationaux blessés, pour cause de service, auront droit aux secours, pensions et récompenses que la loi accorde aux militaires en activité de service.

LOI SUR LA RÉGENCE

LOI SUR LA RÉGENCE

PROMULGUÉE LE 30 AOUT 1842

Louis-Philippe, roi des Français, à tous présens et à venir, salut.

Nous avons proposé, les chambres ont adopté, nous avons ordonné et ordonnons ce qui suit :

Art. 1er. Le roi est majeur à l'âge de dix-huit ans accomplis.

2. Lorsque le roi est mineur, le prince le plus proche du trône, dans l'ordre de succession établi par la déclaration et la charte de 1830, âgé de vingt et un ans accomplis, est investi de la régence pour toute la durée de la minorité.

3. Le plein et entier exercice de l'autorité royale, au nom du roi mineur, appartient au régent. — Il en est saisi à l'instant même de l'avènement.

4. L'article 12 de la charte et toutes les dispositions législatives qui protégent la personne et les droits constitutionnels du roi, sont applicables au régent.

5. Le régent prête devant les chambres le serment d'être fidèle au roi des Français, d'obéir à la charte constitutionnelle et aux lois du royaume, et d'agir en toute chose dans la vue de l'intérêt, du bonheur et de la gloire du peuple français. — Si les chambres ne sont pas assemblées, le régent fera publier immédiatement, et insérer au Bulletin des lois, une proclamation dans laquelle seront exprimés ce serment et la promesse de le réitérer aussitôt que les chambres seront réunies. —Elles devront, dans tous les cas, être convoquées

au plus tard dans le délai de quarante jours.

6. La garde et la tutelle du roi mineur appartiennent à la reine ou princesse sa mère, non remariée, et, à son défaut, à la reine ou princesse son aïeule paternelle, également non remariée. — La présente loi, discutée, délibérée et adoptée par la chambre des pairs et par celle des députés, et sanctionnée par nous cejourd'hui, sera exécutée comme loi de 'Etat.

Donnons en mandement à nos cours et tribunaux, préfets, corps administratifs, et tous autres, que les présentes ils gardent et maintiennent, fassent garder, observer et maintenir, et, pour les rendre plus notoires à tous, il les fassent publier et enregistrer partout où besoin sera; et, afin que ce soit une chose ferme et stable à toujours, nous y avons fait mettre notre sceau.

Donné au palais des Tuileries, le 30e jour du mois d'août 1842.

Signé : LOUIS-PHILIPPE.

Typographie de J. FREY, rue Croix-des-Petits-Champs, 55